AF357567

LES SENTIMENS

DE S. AVGVSTIN,

ET DE TOVTE L'EGLISE,

Touchant les Propositions que la Faculté de
Theologie de Paris a fait examiner
depuis quelque temps.

Et dont les Euesques ont demandé la Censure au
Pape, par la lettre qu'ils ont écrite à sa Sainteté.

Par le R. P. Dom Pierre de Saint 
Religieux Fueillant.

A PARIS,

Chez GEORGE IOSSE, demeurant ruë Saint
Iacques, à la Couronne d'Espine.

————————

M. DC. LI.

AVEC PRIVILEGE DV ROY.

LES SENTIMENS
DE S. AVGVSTIN,
ET DE TOVTE L'EGLISE,

Touchant les Propofitions que la Faculté
de Theologie de Paris a fait examiner
depuis quelque temps.

Contre ceux qui abufent de l'autorité de ce Saint.

LEs Propofitions que l'Vniuerfité de Paris
a fait examiner depuis peu, font fi ouuertement fauffes, & contraires à la bonne doctrine, qu'il ne faudroit que les propofer fimplement
à des efprits non paffionnez, pour en faire conceuoir du mépris, & de l'horreur. En effet qui
pourroit fouffrir qu'on publie parmy des Catholiques, a qu'il y a des Commandemens qui
font impoffibles aux hommes iuftes, quoy qu'ils
defirent, & qu'ils tafchent de les garder, & que
la grace par laquelle ils les peuuent garder leur
eft refufée? Qu'on die que nous ne refiftons iamais aux graces interieures que Dieu nous en-
uoye? Qu'on enfeigne que la grace nous neceffite aux bonnes actions, & que cette neceffité
n'empefche pas que nous ne foyons libres, &
que nous ne meritions des recompenfes, parce
que nous agiffons volontairement & fans con-

A ij

trainte? Qu'on tienne pour heretiques, ceux qui croyent, apres le Concile de Trente, que nous pouuons obeïr à la grace, ou la rejetter? Qu'on souftienne que Iesus-Christ n'est point mort absolument pour tous les hommes, & qu'on passe iusque dans cét excez d'insolence & de temerité, que de condamner d'erreur l'opinion contraire? Et enfin qu'on ose asseurer que l'Eglise a esté autresfois dans ce sentiment, que la satisfaction secrette ne suffisoit pas dans le Sacrement de Penitence pour les pechez secrets?

Certes tous les gens de bien ont sujet de condamner ces maximes si estranges, & Messieurs de Sorbonne sont trop zelez au bien de la Religion pour souffrir dauantage vne doctrine qui la choque ouuertement, & qui ne peut produire d'autre effet que de porter les hommes dans le mépris de la vertu & dans le libertinage, tant s'en faut qu'elle soit fort necessaire pour la reformation des mœurs, comme on tasche de persuader aux simples par des raisons apparentes & artificieuses. En voulez vous voir la preuue bien euidente? La voicy. Comment pourra-t'on encourager les pecheurs à garder les Commandemens de Dieu, si on leur fait entendre que les iustes mesmes sont quelquefois dans l'impuissance de les garder, & que Dieu leur refuse la grace qui est necessaire pour les accomplir, quoy qu'ils la luy demandent auec instance? D'où pourront-ils tirer les motifs d'vne verita-

ble contrition, s'ils s'imaginent qu'ils n'ont iamais eu la grace qui estoit absolument necessaire pour éuiter les pechez qu'ils ont commis. Peut-
on conceuoir vn veritable déplaisir des pechez
qu'il a esté impossible d'éuiter? vn homme s'est-
il iamais repenti d'estre tombé dans le peché
originel? non sans doute. Comment donc pourroit-on serieusement demander pardon à Dieu
des pechez actuels, si on les commet de necessité?

Mais si les hommes iustes croyent que toutes les graces que nous receuons de Dieu, ont
necessairement tout l'effet qu'elles peuuent auoir,
d'où il s'ensuit manifestement que chacun opere selon toute la force & l'estenduë des graces
qu'il a ; comment pourront-ils dire auec verité,
apres l'humble saint François, que si les plus
méhants hommes de la terre auoient eu les
mesmes graces, dont le Ciel les a preuenus, ils en
auroient fait vn meilleur vsage, & seroient arri-
uez a vne plus haute perfection ? Et par quelle raison croiront-ils auoir iuste sujet de s'accuser deuant Dieu d'vne infinité d'obmissions, de
laschetez, d'ingratitudes, dont nous voyons
que les ames les plus innocentes & les plus es-
clairées dans les voyes du Ciel, se jugent coupables, lors qu'elles font vne reueuë exacte sur les
actions de leur vie ? Enfin y a-t'il rien qui soit
plus capable de faire perdre aux hommes l'a-
mour & le respect qu'ils doiuent à Iesus-Christ,

en qualité de Redempteur, que de leur faire entendre qu'il n'est venu en ce monde que pour le
salut de quelques-vns ; estant certain d'ailleurs
que personne n'est asseuré d'estre de ce petit
nombre ?

Ainsi l'on voit manifestement le danger qu'il
y a de souffrir & de fomenter ces nouuelles
doctrines, puis qu'elles ouurent la porte au
desespoir & à toute sorte de crimes ; qu'elles de-
struisent l'humilité, & auec elle, toutes les vertus Chrestiennes ; qu'elles portent les ames au
mépris de Dieu & de Iesus-Christ ; & en vn mot
qu'elles ne buttent qu'au renuersement de la
pieté & de toute la religion. Et apres cela on
trouuera mauuais que la Sorbonne ait voulu proceder par les formes ordinaires & legitimes à la
condamnation d'vne si pernicieuse doctrine ? Et
nostre siecle sera assez mal-heureux pour voir
que les brigues, les artifices, & les desseins crimi-
nels de quelques esprits remuans, qui ne font que
troubler l'Eglise & l'Estat, trouueront de l'ap-
puy contre cette celebre Vniuersité dans vne af-
faire qui n'est pas moins importante pour l'Estat,
que pour l'Eglise ? Seroit-il possible que par vne
fausse compassion, on voulut choier ce méchant
petit serpent qui siffle, qui monstre les dens,
qui mord, qui déchire, & qui blesse tous ceux
qui l'approchent ; sans considerer que quand
l'aage luy aura donné plus de forces, il fera bien
d'autres rauages, & qu'il arriuera peut estre par vn

iuſte jugement du Ciel, que ceux qui l'eſpar-
gnent maintenant, ſentiront les premiers ſon
venin.

PREMIERE PROPOSITION.

MAIS ſans nous arreſter dauantage à re-
preſenter les ſuittes funeſtes de ces nou-
ueautez, qui ſe feront bien mieux ſentir elles
meſmes auec le temps, ſi on n'y prend garde,
qu'on ne ſçauroit les faire connoiſtre par la plu-
me; voyons auec ſincerité & ſans paſſion ſi la
Sorbonne a eu ſujet de faire examiner les The-
ſes, dont on fait tant de bruit; & ſi elles ſont ſi
conformes à la veritable Theologie, & à ſaint
Auguſtin, qu'on voudroit nous perſuader. [a] La
premiere propoſition porte, *qu'il y a des com-*
mandemens qui ſont impoſſibles aux hommes juſtes,
qui veulent & qui taſchent de les accomplir, ſelon
les forces qu'ils ont preſentement, & que la grace
auſſi leur manque, par laquelle ils leur ſoient rendus
poſſibles. Mais qui ne voit que cette propoſition a eſté condamnée par le II. Concile d'O-
range, lors qu'il dit, [b] *Nous croyons ſelon la foy Ca-*
tholique, qu'a'pres qu'on a receu la grace par le bap-
teſme, tous les baptiſez peuuent & doiuent auec le
ſecours de Ieſus-Chriſt, accomplir ce qui eſt neceſſai-
re à ſalut, pourueu qu'ils veüillent trauailler fide-
lement. Surquoy il faut remarquer que ce Concile a eſté approuué par le ſaint Siege, comme

a I. THESIS.
Aliqua Dei præ-
cepta hominibus
iuſtis violentibus
& conantibus, ſe-
cundùm præſente,
quas habent vires,
ſunt impoſſibilia,
deeſt quoque iis
gratia qua poſſibi-
lia fiant.

b Hoc ſecundùm
fidem Catholicam
credimus, quòd ac-
cepta per baptiſ-
mum gratia, omnes
baptizati, Chriſto
auxiliäte & coope-
rante, quæ ad ſalu-
tẽ pertinent, poſſint
& debeant, ſi fide-
liter laborare vo-
luerint, adimplere,
Arauſis II. can. 25.

tous les Theologiens en demeurent d'accord, qu'il parle de tous les baptifez fans exception, & qu'il adjoufte ces mots, *felon la foy Catholique,* pour monftrer que la verité qu'il eftablit eft fi certaine, qu'on ne peut la choquer fans renoncer à la foy Catholique.

Elle a efté condamnée auffi par le Concile de Trente, [a] lors qu'il defend *d'vfer de ces paroles temeraires, & condamnées par les Peres fous peine d'excommunication, que les Commandemens de Dieu font impoffibles à garder à l'homme iuftifié. Car Dieu ne commande point des chofes impoffibles, mais en commandant il vous aduertit de faire ce que vous pouuez, & de demander ce que vous ne pouuez pas faire, & il vous aide afin que vous le puiffiez faire.* Ce qui monftre ouuertement, que tous les hommes en particulier ont l'affiftance de Dieu, qui eft neceffaire pour garder fes Commandemens, puis que tous font obligez de les garder. D'où il s'enfuit à plus forte raifon, que les iuftes ne manquent pas de ce fecours, comme le Concile le declare en fuite par vn canon exprés, difant; [b] *Si quelqu'vn dit que les Commandemens de Dieu font impoffibles à l'homme, mefme à celuy qui eft iuftifié, & en eftat de grace, qu'il foit anatheme.* Et c'eft vne défaite trop impertinente de fouftenir, que le Concile n'a eu deffein que de condamner l'erreur de ceux qui difent, qu'il y a des commandemens de Dieu que les iuftes ne peuuent iamais garder, par les forces qui leur font données

[a] Nemo temeraria illa, & à Patribus fub anathemate prohibita voce vti debet, Dei præcepta homini iuftificato ad obferuandum effe impoffibilia, nam Deus impoffibilia non iubet, fed iubendo monet & facere quod poffis, & petere quod non poffis, & adiuuat vt poffis *Trid. feff. 6. cap. 11.*

[b] Si quis dixerit Dei præcepta homini etiam iuftificato, & fub gratia conftituto effe ad obferuandum impoffibilia, Anathema fit. *Idem can. 18.*

nées dans la vie presente, quelque grace que
Dieu leur communique, & quelque volon-
té qu'ils puissent auoir de les accomplir. Estant
visible par la simple lecture des paroles que
nous venons de rapporter, que le Concile ne
condamne pas seulement cette proposition si
generale, mais encore celle que nous examinons,
qui ne peut estre veritable, s'il est vray absolument que Dieu ne commande rien d'impossible
aux hommes; parce que ou l'on peut accomplir
ses Commandemens de soy-mesme, ou par
l'assistance qu'il donne, comme le Concile l'asseure.

D'où vient donc que des Docteurs Catholiques qui ont fait serment sur l'autel des Martyrs,
de defendre la verité lors qu'elle seroit combattuë, & qui font mine de ne prendre pas
plaisir qu'on les accuse de mépriser le Concile de Trente, sont si ardens à soustenir la
proposition que nous examinons? Quelle raison, quel pretexte peut couurir vne entreprise si scandaleuse, & si contraire au deuoir
des personnes de leur profession? Ils disent
que si cette proposition est condamnée, il faut
condamner saint Augustin qui l'enseigne expressément en beaucoup de lieux de ses œuures, ce qu'ils ne peuuent, & ne doiuent souffrir. Mais ces Messieurs qui se passionnent tant
pour S. Augustin, apres auoir si bien reüssi touchant l'honneur qu'ils ont rendu à S. Paul, ont-

a Non igitur Deus impossibilia iubet, sed iubendo monet & facere quod possis, & petere quod non possis. *Aug. lib. de natura & grat. cap. 43.*

b Eo ipso quod firmissimè creditur, Deum iustû & bonum impossibilia non posse præcipere, hinc admonemur & in facilibus quid agamus, & in difficilibus quid petamus. *Ibid. c. 69.*

c Neque imperaret hoc Deus vt faceremus, si impossibile iudicaret vt hoc ab homine fieret si considerans infirmitatem tuam deficis sub præcepto, côfortare in exemplo, sed etiam ad te exemplum multum est, adest ille qui præbuit exemplum, vt præbeat & auxilium. *In Pf. 56.*
d Quis non clamet, stultû esse dare præcepta ei cui liberum nô est quod præcipitur facere, & iniquum esse eû damnare cui nô fuit potestas iussa complere? Et has iniustitias & iniquitates miseri non intelligunt Deo se adscribere. *De fide contra Manich. cap. 9.*

ils leu bien exactement toutes les œuures de ce Pere? S'ils ne les ont pas leuës, comme il y a de l'apparence, se contentans de la lecture que Iansenius en a faite pour eux, comment peuuent-ils asseurer auec tant de hardiesse que S. Augustin est pour eux? S'ils les ont leuës, comme ie le veux croire pieusement, n'ont-ils pas remarqué ce que ce Saint dit en quelque endroit. *a Dieu ne commande point des choses impossibles, mais en commandant il t'aduertit de faire ce que tu peux, & de demander ce que tu ne peux faire.* N'ont-ils pas remarqué ce qu'il dit ailleurs? *b De ce qu'on croit tres-fermement que Dieu iuste & bon ne peut point commander de choses impossibles, nous sommes aduertis de là, & de ce que nous deuons faire en ce qui est facile, & de ce que nous deuons demander en ce qui est difficile.* N'ont-ils pas remarqué ce qu'il écrit encore? *c Dieu ne nous commanderoit pas de faire cela, s'il iugeoit qu'il fust impossible à l'homme de l'accomplir. Si considerant ta foiblesse tu manques de courage sous le poids du commandement, console toy dans l'exemple qui t'a esté donné. Que si cet exemple est trop éleué pour toy, celuy que t'a donné exemple est auec toy pour te secourir.* N'ont-ils pas remarqué ce qu'il écrit en vn autre lieu; *d Qui est celuy qui ne criera point que c'est vne folie d'imposer des commandemens à celuy à qui il n'est pas libre de faire ce qui luy est commandé; & que c'est vne grande méchanceté de condamner celuy qui n'a pas eu le pouuoir d'accomplir ce qui luy estoit commandé? Et ces* mal-heureux ne *voyent pas qu'ils attribüent à Dieu ces injustices & ces méchancetez.* N'ont - ils pas remarqué enfin ce que ce Sainct nous apprend en vn autre endroit; [a] Qu'il ne faut pas se mettre beaucoup en peine pour connoistre *qu'vn homme ne peche point, ne faisant pas ce qu'il ne peut faire. Parce que c'est ce que les bergers chantent sur les montagnes, les Poëtes sur les theatres, les ignorans dans les cercles, les doctes dans les bibliotheques, les maistres dans les écoles, les Prelats dans les Eglises, & tous les hommes par tout le monde.* Et comment se peut-il faire qu'apres des passages si formels & si conuainquans, qui font voir aux plus aueugles la fausseté de la proposition que nous examinons, ces Messieurs traittent auec nous de bonne foy, lors qu'ils nous veulent persuader qu'on ne peut la condamner, sans condamner saint Augustin? Comme si c'estoit condamner ce Saint, que de condamner vne maxime qu'il estime estre contraire à la bonté de Dieu, à sa iustice, & à sa sagesse; qu'il croit estre opposée au sentiment general de tout le monde; & qu'il iuge ne pouuoir estre soustenuë sans impieté, & sans vne extréme malice.

Mais que dirons nous à tant de passages de saint Augustin qu'on allegue, pour prouuer la These que nous condamnons? Dirons nous que c'est vne pure supercherie de rapporter les paroles de ce Sainct pour ce sujet? Car puis

a Nec hi libri obscuri mihi scrutandi erant, vnde discerem neminem vituperatione supplicióve dignum, qui aut id velit quod iustitia velle non prohibet, aut id non faciat quod facere non potest. Nonne ista cantant, & in montibus pastores, & in theatris poëtæ, & in docti in circulis, & docti in bibliothecis, & magistri in scholis, & antistites in sacris locis, & in orbe terrarum genus humanum? *Lib. de duabus animabus c. 11.*

que les Ianseniſtes ſouſtiennent generalement
qu'il n'y a que ceux qui gardent effectiuement
les commandemens de Dieu, qui puiſſent les
garder; d'où il s'enſuit qu'il eſt impoſſible que
ni les pecheurs, ni les iuſtes gardent aucun
commandement de ceux qu'ils n'accompliſ-
ſent point; à quel propos diſent-ils maintenant,
qu'il arriue quelquefois que les iuſtes ne peuuent pas accomplir ce qui leur eſt commandé?
N'eſt-ce pas pour faire croire aux ſimples, qu'ils
ne tiennent pas que toutes les fois que les iuſtes pechent, il leur ſoit impoſſible de ne pas
pecher, mais ſeulement en certains cas particuliers; ce qui n'eſt pas du tout ſi eſtrange ni ſi
criminel?

Quoy que ç'en ſoit, ie dis qu'il eſt aiſé de
renuerſer tout ce qu'on allegue en faueur de
la premiere Theſe, par l'vne de ces trois réponſes. Premierement il faut remarquer, que
nous parlons icy des commandemens de Dieu
qui ſont veritablement tels à noſtre égard, ie
veux dire qui nous obligent ſous peine de peché
mortel, en ſorte que celuy qui ne les garde
point merite l'enfer. Or quelque choſe qu'on
faſſe dire à S. Auguſtin, on ne ſçauroit rapporter vn ſeul paſſage de luy, par lequel il aſſeure,
qu'encore que l'homme iuſte ſoit dans l'impuiſſance de garder quelque commandement de
Dieu, il ne laiſſe pas pour cela d'eſtre coupable de
peché mortel en le violent, & de meriter l'enfer

pour auoir commis ce peché. C'eſt pourquoy quand il diroit cent fois qu'il eſt abſolument impoſſible à l'homme iuſte de garder quelque commandement de Dieu, il ne faudroit point entendre ces paroles d'vn veritable commmandement, puis qu'il n'y auroit point de peché à le violer, [a] ſuiuant la maxime tres-conſtante de ce Sainct, par laquelle il nous apprend *que perſonne ne peche aux choſes qu'il ne peut éuiter.* Et cecy ſe confirme clairement parce qu'il dit luymeſme, [b] que Saint Paul ne pouuoit point garder parfaitement le commandement qui regarde la chaſteté; puis qu'il declare auſſi-toſt, *qu'il ne pouuoit pas le garder en ſorte, qu'il ne ſentiſt point aucun mouuement déreglé, quoy qu'il fuſt en ſon pouuoir de n'y pas conſentir.* Et qui oſeroit ſoûtenir que ſelon S. Auguſtin, les mouuemens de la conuoitiſe eſtoient de vrais pechez en S. Paul?

Secondement il eſt certain que pluſieurs paſſages qu'on allegue en faueur de la Theſe que nous examinons, monſtrent ſeulement que l'homme eſt quelquefois dans vne impuiſſance volontaire de faire quelque choſe faute de courage, de reſolution, & de bonne volonté, quoy qu'abſolument il ait le pouuoir de la faire. [c] Et de vray combien de fois la pareſſe, l'amour propre, l'attache à quelque choſe, l'auerſion que

[a] Quæcumque iſta cauſa eſt voluntatis, ſi non ei poteſt reſiſti, ſine peccato ei ceditur: ſi autem poteſt, non ei cedatur, & non peccabitur. An forte fallit incautum? Ergo caueat ne fallatur. An tanta fallacia eſt, vt caueri omnino non poſſit? ſi ita eſt, nulla peccata ſunt. Quis enim peccat in eo quod nullo modo caueri poteſt? peccatur autem, caueri igitur poteſt. *Lib. 3. de lib. arb. cap.* 18.

[b] Hoc dicebat iſte, perficere bonū non mihi adiacet, quia non poterat facere vt non concupiſceret, faciebat tantum vt concupiſcentiam refrænaret, vt concupiſcētiæ non conſentiret, & concupiſcentiæ membra ad ſatellitium non præberet. *Tract* 41. *in Ioan.*

[c] Non tibi dicitur, labora quærendo viam, vt peruenias ad veritatem & viam, non hoc tibi dicitur. Piger ſurge, via ipſa ad te venit, & te de ſomno dormientem excitauit, ſi tamen excitauit, ſurge & ambula. Forte conaris ambulare, & non potes, quia dolent pedes Vnde dolent pedes? an iu-

bente auaritia per aſpera cucurrerunt? ſed Dei verbum ſanauit & claudos. Ecce, inquit, ſanos habeo pedes, ſed ipſam viam non video. Illuminauit & cæcos. *Aug. Tract.* 34 *in Ioan.*

nous auons du prochain, nous fait-elle dire, qu'il nous est impossible de faire ce qu'on demande de nous ? Et neantmoins il est constant que le pouuoir ne nous manque point en ces occasions, mais la seule volonté. C'est ainsi que S. Augustin[a] expliquant ce que dit S. Iean, que les Iuifs ne pouuoient point croire, dit plusieurs fois *qu'ils ne le pouuoient point, parce qu'ils ne le vouloient pas.* Monstrant toûjours que Dieu leur donnoit de soy assez de lumiere pour croire en Iesus-Christ, mais qu'ils s'obstinoient par leur propre malice, à ne point croire en luy ; *& que dans cette disposition volontaire, qu'ils ne vouloient point changer, ils estoient dans l'impuissance de croire.* C'est pourquoy aussi il les reprend souuent de leur incredulité, comme d'vn vray peché, ce qu'il ne feroit pas, s'il croyoit qu'il n'eust pas esté en leur puissance de l'éuiter ; puis qu'il estime luy-mesme que c'est vne grande méchanceté, & vne haute folie de condamner quelqu'vn, parce qu'il n'a pas fait ce qu'il ne luy a pas esté possible de faire, comme nous l'auons fait voir cy-deuant par ses propres paroles, & le ferons voir plus amplement en refutant la troisiéme proposition. De là vient aussi que Saint Augu-

a Ideo non poterant cognoscere , quia non poterant audire, sed vnde audire non poterant, nisi quia corrigi credendo nolebant ? *Tract.* 42 *in Ioan.*

Non poterant credere, quia hoc Esaïas Propheta prædixit quia Deus hoc futurum esse præsciuit. Quare autem non poterant, si à me quæratur, citò respondeo, quia nolebant. *Tract.* 53.

Sed aliam causam, inquis , dicit Propheta, non voluntatis eorum : quam causam dicit Propheta ? quia dedit illis Deus spiritum compunctionis , oculos vt non videant, & aures vt non audiant, & excæcauit oculos eorum, & indurauit cor eorum. Etiam hoc eorum voluntatem meruisse respôdeo. *Ibid.*

Non itaque mirum est quia non poterant credere, quorum voluntas sic superba erat vt ignorantes Dei iustitiam, suam vellent constituere, sicut de illis dicit Apostolus, Iustitiæ Dei non sunt subiecti Quia enim non ex fide, sed tanquam ex operibus tumuerunt, ipso suo tumore cæcati offenderunt in lapidem offensionis : sic autem dictum est non poterant, vbi intelligendum est quod nolebant. *Ibid*

Quia ergo ignorans Dei iustitiam, qua iustificatur impius, suam vult constituere qua conuincatur superbus, in hunc non potest credere. Hinc & illi non poterant credere, non quia mutari in melius homines non possunt, sed quandiu talia sapiunt, non possunt credere. Hinc excæcantur, & indurantur, quia negando diuinum adiutorium, non adiuuantur, *Ibid.*

stin a ne veut point receuoir les excuses des hommes mariez, qui disent, qu'ils ne peuuent point garder la chasteté, estans loin de leurs femmes; monstrant par les reproches qu'il leur fait, & par l'exemple de leurs propres femmes qui gardent vne violable chasteté en leur absence, qu'ils ne manquent nullement de pouuoir, mais de volonté. Que si ce grand Saint eust esté dans les sentimens qu'on luy attribuë, quelle raison eust-il eu d'inuectiuer contre ceux qui tombent en quelque peché, lors qu'ils se persuadent qu'ils n'ont pas assez de force pour l'éuiter; & ce qui est bien plus estrange, de rapporter à la volonté libre des pecheurs, les crimes que l'Euangile mesme attribuë à leur impuissance.

Nous pouuons dire en troisiéme lieu, que quand S. Augustin asseure, qu'il est impossible de faire quelque commandement, il prend l'impossibilité pour vne grande difficulté. b Cela se voit manifestement de ce qu'apres auoir dit parlant d'vne forte tentation, que c'est comme vne muraille d'impossibilité qui s'oppose à l'homme, il fait entendre aussi-tost qu'il ne parle point d'vne impossibilité physique, mais morale, pour employer les termes de l'école; c'est à dire d'vne grande difficulté, qui peut estre surmontée par le moyen de la grace, qui n'est point refusée en cette occasion. Et ailleurs apres auoir dit que le premier homme pouuoit obeïr

a Quinimo cū (viri) à fœminis vtique habentibus carnem, tantam flagitant castitatem, vt quando ab vxoribus diutissimè peregrinantur velint eas ab adulterino concubitu incontaminatas feruorem transfigere iuuentutis; & plurimæ pudicissimè transfigunt, & maximè Syræ, quarum mariti negotiandi quæstibus occupati iuuenes adolescentulas deserunt, & vix aliquando senes ad auiculas reuertuntur; eo ipso euidentiùs conuincuntur non esse impossibile quod se non posse causantur. Si enim hoc non posset infirmitas hominū, multo minùs id posset sexus infirmior fœminarum *lib. 2. de adulterinis coniugiis cap. 20.*

b Secunda ergo tentatio est difficultas in bene operando sicut illa prima erroris & famis. Exclamat & in hac ad Dominum, liberat Dominus de necessitatibus, rumpit vincula difficultatis, constituit in operationem æquitatis, incipit ei iam facile esse quod difficile fuerat. *In Psf. 106.*

à Dieu sans aucune difficulté, il adjouste [a] que nous sommes tombez par vn iuste iugement dans vne telle foiblesse, que nous auons maintenant de la peine à obeïr à la iustice. Monstrant par ces adoucissemens, & par l'asseurance qu'il donne tres-souuent, [b] que Dieu est prest à nous assister de ses graces, sur tout lors que nous sommes affligez de quelque tentation, & qu'il ne tient qu'à nous que nous ne receuions toute l'assistance qui nous est necessaire, pour acomplir la volonté de Dieu, qu'il est bien éloigné de croire qu'il y ait des commandemens de Dieu, qu'vn homme iuste ne puisse point accomplir faute de grace, & qu'il soit coupable pour ne les auoir point executez.

[a] Securum est autem ex debita iusta pœna tale vitium, vt iam molestum esset obedire iustitiæ. _Lib. 2. de peccatorum meritis cap._ 19.

[b] Confortatur infirmus cùm ei dicitur, spera quidem tentationes huius sæculi, sed ab omnibus eruet te Dominus, si ab illo non recesserit retro cor tuum. Nam ad confortandum cor tuum, venit ille mori, venit ille spatis liniri, venit spinis coronari, venit opprobria audire, venit postremò ligno configi omnia hæc ille pro te, tu nihil pro illo, sed pro te. _Lib. de pastorib. c._ 5.

Sed ne in futuris tentationibus deficiat infirmus, nec falsa spe decipiendus est, nec terrore frangendus. Dic ei, præpara animam tuam ad tentationem. Sed forte incipit labi, contremiscere, nolle accedere, habes aliud, fidelis Deus qui non vos sinit tentari suprà quàm ferre potest ix. _Ibid._

Non hoc à me audis, Apostolus dicit, qui etiam dicit, an vultis experimentum eius accipere qui in me loquitur Christus? Hæc ergo cùm audis, ab ipso Christo, audis & ab ipso pastore qui pascit Israël. Illi enim dictum est, potabis eos in lachrymis in mensura, quod enim ait Apostolus, non sinit tentari vos suprà quàm potestis ferre, hoc ait Propheta, in mensura. Tantùm tu noli dimittere corripientem & hortantem, terrentem & consolantem, percutientem & sanantem. _Ibid._

DEVXIESME PROPOSITION.

LA deuxiéme proposition porte, [b] que dans l'estat de la nature corrompuë on ne resiste iamais à la grace interieure. Ce qui ne s'accorde nullement auec la verité que nous venons d'establir: car estant vn poinct de foy, que tous les hommes ont assez de grace interieure, pour pouuoir garder les commandemens de Dieu, & estant

[b] II. THESIS. Interiori gratiæ in statu naturæ lapsæ, nunquam resistitur.

estant visible d'ailleurs que tous ne les gardent
point effectiuement, il s'ensuit de là manifestement qu'il y a maintenant beaucoup de graces
interieures ausquelles on resiste, & qui n'ont
point d'effet. De sorte que quand il n'y auroit
point d'autre preuue pour rejetter la seconde
proposition, cela ne seroit que trop suffisant
pour la faire condamner; puis qu'on ne peut
l'admettre sans aduoüer, ou que tous les hommes gardent les commandemens de Dieu, ce
qui est vne folie visible; ou que pour garder les
commandemens de Dieu on n'a point besoin de
grace, ce qui est vne heresie; ou qu'il n'y a que
ceux qui les gardent actuellement qui les puissent garder, ce qui ne se peut dire sans choquer
vn poinct de Foy.

Mais de plus ne pouuons nous pas dire, que
cette proposition est directement opposée à vne
infinité de passages de la sainte Escriture, & des
Peres, d'où nous apprenons que les hommes resistent souuent au S. Esprit, qu'ils reçoiuent la
grace de Dieu en vain, qu'ils n'ouurent point lors
que Dieu frappe à la porte de leur cœur, qu'ils ne
répondent point quand Dieu les appelle, qu'il ne
tient qu'à nous de nous conuertir, de faire penitence, d'éuiter le peché, & de faire nostre salut.
Car si nous voulons exprimer toutes ces façons
de parler par nos termes ordinaires, nous trouuerons qu'elles ne marquent autre chose, sinon que
les hommes resistent souuent aux graces dont

Dieu leur touche le cœur. D'où il s'enfuit que la ſeconde propoſition eſt directement contraire à vne verité, qui eſt propoſée clairement dans la ſainte Eſcriture, ſelon l'explication commune de tous les Peres, & de tous les Theologiens qui n'ont iamais douté, qu'il n'y ait dans l'eſtat de nature corrompuë, beaucoup de graces qui n'ont point d'effet, & qui ſont renduës inutiles par la malice, ou par la negligence de ceux qui les reçoiuent.

Et n'eſt-ce pas auſſi ce que le Concile de Trente ſuppoſe ouuertement, lors qu'il dit [a] que les iuſtes ont le pouuoir de profiter dans la vertu, en pratiquant beaucoup de bonnes œuures, *parce que Dieu n'abandonne iamais ceux qui ſont iuſtifiez par ſa grace:* Eſtant viſible que ce pouuoir n'a point d'effet en tous les iuſtes, quoy que l'aſſiſtance de Dieu ne leur manque point, & par conſequent qu'il y a beaucoup de graces ſelon le Concile, auſquelles les hommes reſiſtent maintenant. [b] Et quand il dit encore, *que tous les iuſtes doiuent mettre tres-fermement leur confiance en Dieu, parce qu'il acheuera en eux le bien qu'il a commencé, pourueu qu'ils ne manquent point de leur part à ſa grace;* ne monſtre-t'il pas clairement que tous les iuſtes qui ne perſeuerent point, reſiſtent aux graces, auec leſquelles ils pourroient perſeuerer s'ils vouloient?

Ne tirons nous pas encore la meſme verité du Concile de Sens, lors qu'il dit, [c] *que la grace nous eſt toûjours offerte, & que Dieu frappe continuellement à noſtre porte, à deſſein d'entrer, & de ſouper auec nous au cas que nous luy ouurions?* Et du Concile de Cologne, lors qu'il dit, [a] *qu'encore que perſonne ne ſe conuertiſſe à noſtre Seigneur, qu'eſtant tiré par le Pere perſonne n'a ſujet de s'excuſer ſur ce qu'il n'eſt point tiré, parce que Dieu frappe toûjours à noſtre porte, nous aduertiſſant par ſa parole interieure & exterieure de nous conuertir.* Car comme il eſt conſtant que la pluſpart des hommes ne ſe conuertiſſent point, & que ceux meſme qui changent de vie, ne le font pas ſi toſt qu'ils en ont l'inſpiration; il eſt certain auſſi qu'il y a beaucoup de graces meſmes interieures, auſquelles on reſiſte.

C'eſt auſſi ſurquoy ſont fondées toutes les confeſſions des fideles, qui ſe reduiſent à ces deux poincts generaux, d'auoir fait le mal qu'on pouuoit éuiter, & de n'auoir pas fait le bien qu'on pouuoit pratiquer. Ce qui ſuppoſe des graces ſuffiſantes qui ont eſté rejettées, & qui n'ont pas eu l'effet qu'elles pouuoient auoir. Et la condamnation des meſchans ſurquoy ſerat-elle appuyée au iour du iugement, que ſur cette verité infaillible, qu'ils ont rejetté les graces auec leſquelles ils pouuoient éuiter les pechez mortels, ſurmonter les tentations, garder les Commandemens de Dieu, & faire leur ſalut, s'ils euſſent voulu s'en ſeruir. Autrement s'ils auoient manqué de ce ſecours, & qu'ils euſſent eſté dans l'impuiſſance de ſe ſauuer, quelle raiſon y au-

C ij

a Nemo hîc excuſationem pretexat quòd non trahatur, quòd ille ſemper ſtet ante oſtium pulſans; nimirum per internum & externum verbũ commonens vt conuertamur à via noſtra peſſima. *Parte 7. cap. 3.*

roit-il de leur reprocher leur ingratitude, en leur opposant les biens & les graces dont ils ont abusé, de releuer la patience merueilleuse dont Dieu a vsé en leur endroit, les conseruant si long-temps en vie, nonobstant les pechez qu'ils commettoient tous les iours, afin qu'ils eussent moyen de faire penitence, & d'éuiter les peines dont il les menaçoit; & enfin ce qui est horrible à penser, de les condamner à des tourmens inimaginables, pour auoir commis des pechez qu'ils n'auroient pû éuiter. Vn homme raisonnable, vn Catholique, vn Prestre, vn Docteur qui a fait serment de defendre la verité, mesme au peril de sa vie, se peut-il persuader qu'vne si estrange conduite soit fort conforme à la iustice, & à la bonté du Dieu que nous adorons?

Qu'en dit S. Augustin? voyons vn peu son sentiment là dessus, puis que c'est luy seul qu'on veut prendre pour arbitre dans les questions de la grace. Croit-il que dans cét estat il n'y a point de graces qui n'ayent leur effet? Comment le croiroit-il, a puis qu'il dit expressément *que tous ceux qui furent appellez au festin, n'y voulurent pas venir, & que ceux qui s'y trouuerent n'y eussent pû venir, si on ne les eust appellez.* D'où il conclud *que ceux-cy ne doiuent point se glorifier d'estre venus, parce qu'ils vinrent estans appellez: ni ceux-là s'en prendre qu'à eux mesmes de n'estre pas venus, parce qu'il estoit en leur pouuoir de venir, estans appellez.* Et il adjouste, *que celuy qui ne vient pas estant appellé, comme il n'a point*

a Ad illam cœnam quam Dominus dixit in Euangelio præparatam, neque omnes qui vocati sunt, venire voluerunt, neque illi qui venerunt, venire possent nisi vocarentur. Itaque neque illi debent sibi tribuere qui venerunt, quia vocati venerunt, neque illi qui noluerunt venire debent alteri tribuere, sed tantùm sibi, quoniam vt venirét vocati, erat in eorum libera voluntate. *Lib. 83. qq. quæst. 68.*

Qui autem vocatus non venit, sicut non habuit meritum præmij vt vocaretur; sic'inchoat meritum supplicij, cùm vocatus venire neglexerit. *Ibid.*

esté appellé pour estre recompensé de ses merites, il commence aussi à meriter son supplice, lors qu'il neglige de venir, estant appellé.

Comment le croiroit-il, [a] puis qu'il dit expressément *qu'Esaü ne voulut pas, & ne courut point, mais que s'il eust voulu, & s'il eust couru, il fust arriué par l'assistance de Dieu, qui luy eust donné le vouloir & le courir en l'appellant, s'il n'eust esté reprouué en méprisant la vocation?* Car ces paroles excellentes monstrent visiblement, que les plus méchans ont des graces interieures, auec lesquelles il est en leur pouuoir de vouloir le bien, de garder les commandemens de Dieu, & de faire leur salut.

Ce qui se peut encore recueillir de ce que S. Augustin témoigne beaucoup de fois, [b] *que les Iuifs auoient assez de lumiere & de grace pour croire en Iesus - Christ quoy qu'ils fussent endurcis & aueuglez.* Et de ce qu'il asseure, [c] *que Dieu n'est point injuste de n'auoir point voulu sauuer les Tyriens, parce qu'ils pouuoient faire leur salut, s'il eussent voulu.* Car à moins que de se persuader que Saint Augustin estoit entierement Pelagien, on ne peut douter qu'il ne reconnut dans les Tyriens des graces suffisantes, par lesquelles ils pouuoient faire leur salut, & qui n'ont point eu d'effet.

[a] Noluit Esaü & nõ cucurrit, sed etsi voluisset & cucurrisset, Dei adjutorio peruenisset, qui ei etiam velle & currere vocando præstaret, nisi vocatione contempta reprobus fieret. *L. 1. ad Simplic. q. 2.*

[b] Sic & Dominus Christus inter fideles suos & inimicos Iudæos tanquam inter lucem & tenebras distinguebat; tanquam inter illos quos radio fidei perfundebat, & illos quorũ clausos oculos circũ fundebat? Nam etiam sol iste & videntis faciem illustrat & cæci, ambo pariter stantes, & faciem ad solem habentes illustrantur in carne, sed non ambo illuminantur, in acie, Videt ille, ille non videt. Ambobus sol præsens est, sed præsenti soli vnus est absens. Sic & sapientia Dei, verbum Dei, Dominus Iesus Christus vbique præsens est, &c. sed quid agemus de infidelibus? nunquid illis non est præsẽs? est præsens & illis, sed quibus eam videant, oculos non habent cordis. *Tract. 35. in Ioan.* Si ergo hic erat, quare non videbatur? Quia lux in tenebris lucet, & tenebræ eam non cõprehenderunt. O homines nolite esse tenebræ, nolite esse infideles, injusti, iniqui, rapaces, auari amatores sæculi. Hæ sunt enim tenebræ. Lux non est absens, sed vos absentes estis à luce. Cæcus in sole præsentem habet solem, sed absens est ipse soli, nolite ergo esse tenebræ. *Tract. 3. in eundem.*

[c] Neque vtique Deus iniustè noluit saluos fieri, cùm possent salui esse si vellent. *In Enchir. c. 95.*

a Cùm vbique sit præsens, qui multis modis per creaturã sibi Domino seruientem, auersum vocet, doceat credentem, consoletur sperantem, diligentem exhortetur, conantem adjuuet, exaudiat deprecantem, non tibi deputatur ad culpam quod inuitus ignoras, sed quod negligis quærere quod ignoras, nec illud, quod vulnerata membra non colligis, sed quod voluntatem sanare contemnis, ista tua peccata propria sunt. *Lib. 3. de libero arb. cap. 19. Et lib. de natura, & gratia c. 67.*

Comment le croiroit-il, a puis qu'il asseure expressément *qu'on ne nous estime point coupable de peché, de ce que nous ignorons inuolontairement, mais de ce que nous negligeons de chercher ce que nous ignorons; ni de ce que nous ne guerissons pas nos membres blessez, mais de ce que nous méprisons celuy qui nous veut guerir.* Car qui ne voit que cette negligence, & ce mépris, ne marquent autre chose, que le mauuais vsage que nous faisons des graces que Dieu nous donne? Qui ne voit que Iesus-Christ n'est pas seulement le Medecin de nos ames, entant qu'il nous donne des graces efficaces, mais aussi parce qu'il nous en donne de simplement suffisantes, dont nous empeschons l'effet par nostre volonté; & qu'ainsi c'est vne manifeste supercherie d'employer ce terme de grace medecinale, pour ruiner la grace suffisante auec la liberté, & vn crime épouuantable de faire saint Augustin autheur d'vn grace si pernicieuse.

Comment le croiroit-il, puis qu'il enseigne expressément qu'on peut dire, b *O homme tu perseuererois si tu voulois, en ce que tu as oüy, & que tu as creu, mais qu'on ne peut pas dire, tu croirois si tu voulois, ce que tu n'as pas oüy.* Car on voit par ces paroles, que celuy qui a abandonné la foy, auoit assez de grace pour y perseuerer, s'il eust voulu: autrement si ce secours luy eust manqué, on ne pourroit non plus luy dire, tu aurois perseueré si tu eusses voulu, qu'on ne peut di-

b Quoniam potest dici, homo, in eo quod audieras & tenueras, in eo perseuerares, si velles; nullo modo autem dici potest, id quod non audieras crederes, si velles. *Lib. de corrept. & gratia cap. 7.*

re à celuy qui n'a pas oüy, tu croirois si tu voulois.

Comment le croiroit-il, puis qu'il condamne, apres l'Escriture sainte, les pecheurs qui ne changent point leur mauuaise vie, par la comparaison de ceux qui se conuertissent, & qui font penitence. [a] Il condamne les Iuifs de ce qu'ils ne se sont pas conuertis, estans assistez de la presence de Iesus-Christ, & des graces auec lesquelles les Tyriens se fussent conuertis en effet, si Dieu les en eust fauorisez. [b] Il condamne les mesmes Iuifs par la comparaison des Niniuites, qui se conuertirent apres auoir oüy la predication de Ionas, & l'on peut recueillir de la suite de son discours, que quand l'Escriture dit que les Niniuites se leueront au jugement contre cette nation, & qu'ils la condamneront, il ne faut pas entendre par là que les Niniuites doiuent estre les juges des Iuifs, mais qu'ils les condamneront, en ce que l'ingratitude & l'obstination des Iuifs meritera des chastimens d'autant plus rigoureux, qu'on leur fera voir que les Niniuites qui n'ont point receu tant d'assistances de Dieu, se sont conuertis & ont fait penitence de leurs pechez. Et certes sur quoy pourroit estre fondé ce jugement de comparaison, auec quelque apparence de iustice, si ceux qui sont condamnez n'auoient point eu les graces necessaires pour faire leur salut, & par consequent s'ils ne les auoient pas rejettées : & au

[a] Facile est vt infidelitatem accusemus Iudæorum de libera volũtate venientem, qui factis apud se tam magnis miraculis credere noluerunt. Quod & Dominus increpãs arguit & dicit, Væ tibi Corozam, & Bethsaïda, quia si in Tyro & Sidone factæ fuissent virtutes quæ factæ sunt in vobis, olim in cinere & cilicio pœnitentiam egissent. *Lib. de dono perseuer. cap. 9.*

[b] Nec ideo dixit condemnabunt eam quia & ipsi iudicabunt, sed quia & ex, ipsorum comparatione isti meritò damnabuntur. *Lib. 20. de ciuit. cap. 5.*

contraire si les autres qui se sont conuertis auoient esté preuenus d'vne grace efficace, qui les eut determinez & necessitez à se conuertir?

N'auons nous pas veu aussi, que saint Augustin se mocque des excuses des hommes qui disent, qu'ils ne peuuent pas garder la chasteté, & qu'il les conuainc par l'exemple de leurs propres femmes qui la gardent exactement, quoy que ce sexe soit beaucoup plus foible & plus fragile? Et comme d'ailleurs il tenoit pour vne verité tres-constante, qu'on ne peut garder longtemps la chasteté sans vne grace particuliere du Ciel, ne s'ensuit-il pas de là tres-euidemment, qu'il reconnoissoit fort bien que les hommes resistent souuent aux graces interieures, auec lesquelles ils pourroient faire vne infinité de bonnes actions qu'ils ne font pas? Autrement s'il eust esté dans le sentiment qu'on luy attribuë, & qu'il eust creu veritablement que celuy qui peut faire le bien le fait actuellement, & que celuy qui ne le fait point ne le peut faire, [a] tous ses sermons ne seroient qu'vne perpetuelle extrauagance & vne pure illusion, puis qu'on n'y voit rien si souuent que des exhortations à faire penitence, à pratiquer la vertu, & à fuir le vice; que des inuectiues contre ceux qui ne font pas le bien qu'ils pourroient faire, ou qui n'éuitent pas le mal qu'ils pourroient éuiter; & que tout cela suppose manifestement que les hommes ont beaucoup de graces suffisantes, dont ils ne se seruent point, se-

lon

lon le dessein de celuy qui les leur donne.

Enfin comment croiroit saint Augustin que toutes les graces que nous receuons ont leur effet, puis qu'il s'accuse si souuent luy-mesme dans ses Confessions de sa negligence à cooperer à tant de graces, & de lumieres que Dieu luy a communiquées? Est-ce reconnoistre que toutes les graces qui peuuent auoir quelque effet sont efficaces, que d'aduoüer publiquement qu'on en a negligé beaucoup, & de faire penitence de cette faute? Les hommes de bon sens s'accusent-ils deuant Dieu de n'auoir pas fait des choses qu'ils iugent absolument impossibles? Luy demandent-ils pardon de n'auoir pas gueri des aueugles, resuscité des morts, ou transporté des montagnes? Comment se pourroit-il donc faire que S. Augustin, qui estoit homme de si grand esprit, se fust confessé serieusement d'auoir negligé beaucoup de graces, s'il estoit dans cette creance que toutes les graces suffisantes ont necessairement leur effet, & qu'il est impossible d'en rejetter aucune?

Que si nous recherchons dans ses écrits la source d'où les graces découlent sur les hommes, nous trouuerons qu'il admet en Dieu vne bonté generale enuers tous, qui le porte à les preuenir liberalement des lumieres interieures, qui leur sont necessaires pour faire leur salut. C'est ce qui luy fait dire quelquefois, [a] *que Dieu est toûjours prest de soy à nous donner sa lumiere intelligible*

D

& spirituelle, mais que nous ne sommes pas toûjours prests à la receuoir, sçauoir lors que nos inclinations nous portent à d'autres choses, & que nous remplissons nos esprits de tenebres, par la conuoitise des biens temporels. C'est pour la mesme raison qu'il dit encore, [a] *Que cette lumiere spirituelle est donnée indifferemment aux hommes, & que si les vns en sont éclairez non pas les autres, c'est parce que ceux-là ouurent les yeux, non pas ceux-cy.* Monstrant manifestement par ces paroles, que Dieu donne à chacun l'assistance qui luy est necessaire pour faire son salut, & que si tous n'en font pas leur profit, cela vient de ce que quelques-vns refusent malicieusement de suiure le mouuement de la grace qui leur touche le cœur, & d'ouurir les yeux de leur ame par vn humble acquiescement à cette lumiere interieure qui les enuironne.

C'est aussi pour la mesme raison que ce grand S. a confessé hardiment & sincerement, [b] *que la lumiere de la grace éclaire generalement tous les hommes qui viennent en ce monde.* Et tant s'en faut qu'il ait rien retrâché de cette generalité, [c] qu'il l'a expressément confirmée dans ses retractations. Et mesme afin qu'on ne doute point qu'il n'y comprenne tous les hommes en particulier, de la proposition vniuerselle qui porte, que la lumiere diuine éclaire tous les hómes qui viennent en ce monde,

[a] Ergo fratres, quomodo homo positus in sole cæcus, præsens est illi sol, sed ipse soli absens est; sic omnis stultus, omnis iniquus, omnis impius cæcus est corde. Præsens est illi sapentia, sed cùm cæco præsens est oculis eius absens est, non quia ipsa illi absens est, sed quia ipse ab illa absens est. Quid ergo faciat iste? Mundet vnde possit videri Deus. Quomodo si propterea videre nõ posset, quia sordidos & saucios oculos haberet, irruente puluere, vel pituita, vel fumo, diceret illi medicus, purga de oculo tuo quidquid mali est, vt possis videre lucẽ oculorum tuorum. Puluis, pituita, fumus, peccata & iniquitates sunt; tolle inde ista omnia, & videbis sapientiam quæ præsẽs est, quia neus est ipsa sapientia. *Tract. 1. in Ioan.*

[b] Nam solis istius corporei lumen non illuminat omnem hominem, sed corpus hominis, & mortales oculos, in quibus nos vincunt aquilarum oculi qui solem istam multò melius quàm nos dicuntur aspicere. Illud autem lumen (gratiæ) non irrationabilium animalium oculos pascit, sed pura corda eorum qui Deo credunt, & ab amore visibilium rerum & temporalium se ad eius præcepta seruanda conuertunt. Quod omnes possunt, si velint, quia illud lumen omnem hominem illuminat venientem in hunc mundum. *Lib. 1. de Genesi cap. 1.*

[c] Verũ est omnino omnes homines posse, si velint, sed præparatur voluntas à Domino. *Retract. 10.*

il conclud[a] *que S. Iean en auoit donc esté éclairé,* ce qui seroit ridicule s'il croyoit, que cette maxime generale ne se doit entendre, que de quelques hommes de chaque condition, ou de tous ceux qui sont éclairez. Et apres tant de preuues sensibles & conuainquantes, il se trouuera des personnes assez temeraires pour oser soustenir, qu'il n'y a point selon S. Augustin, de graces suffisantes qui n'ayent leur effet, & que les hommes n'en rejettent iamais aucune? I'oseray asseurer auec vne liberté Chrestienne, que ceux qui parlent de la sorte ne sçauent ce qu'ils disent, & qu'il faut ou qu'ils n'ayent iamais leu S. Augustin que par les yeux d'autrui, ou qu'vn aueuglemét prodigieux les empesche de voir le veritable sentiment de ce S. dans la question dont nous traittons, estant, comme il est, plus clair & plus visible que le iour; ou bien que par vne malice affectée, ils luy fassent dire tout le contraire de ce qu'il enseigne si expressément, & en tant de lieux. Et en suitte de cette ignorance, ou de cette passion, ou de cette malice prodigieuse, qui ne sçauroit estre assez rigoureusement chastiée, puis qu'elle ne tend qu'à seduire les ames; il se trouuera des hommes assez simples pour estimer cette doctrine, & pour suiure en aueugles ces nouueaux guides, qui sót encore plus aueugles qu'eux? S'y trompe qui voudra, mais il est bien certain que les vns & les autres, s'ils continuent à suiure cette route, tomberont dans le precipice, & qu'ils maudiront quelque iour cette

D ij

[a] Erat lumen verũ, quod illuminat omnem hominem venientem in hunc mundum: si omnem, ergo & Ioannem. *Tract. 35. in Ioan.*

[b] Quisquis es assertor nouorum dogmatum, quæso te vt parcas Romanis auribus, parcas fidei, quæ Apostoli voce laudata est. Cur post quadringentos annos docere nos niteris, quod antè nesciuimus? Cur profers in mediũ quod Petrus & Paulus edere noluerunt? vsque ad hunc diem sine ista doctrina mundus Christianus fuit: illam senex tenebo fidem, in qua puer natus sum. Pelusiotas nos appellant, & luteos animalésque, & carneos, quòd non recipiamus ea, quæ spiritus sunt. Illi scilicet Hierosolymitæ, quorum mater in cælo est. *Hieron. Ep. 65. ad Pammachium & Oceanum cap. 3.*

legereté d'esprit, qui leur a fait abandonner les
communs sentimens de la Sorbonne, & de toute
l'Eglise, pour embrasser ces noueautez, sous pretexte qu'elles sont conformes à la veritable doctrine de S. Augustin. Ie prie Dieu qu'ils n'at-
dent pas trop tard à se rauiser, & que le faux respect qu'ils portent à ce grand Saint, ne soit pas le
sujet veritable de leur mal-heur eternel. Nous n'a-
uons qu'vne foy, & vne Eglise hors laquelle il
n'y a point de salut, Calvin l'a quittée sous couleur de la reformer, & sa presomption l'a perdu.
Et bien que dans les matieres de la grace il ne parle que S. Augustin, le pretexte de l'authorité de
ce grand Docteur n'a pas empesché qu'il ne soit
damné pour iamais. Messieurs les Iansenistes faites vous sages aux dépens de ce mal-heureux, &
si nos paroles ne vous touchent point, du moins
ne soyez pas si insensibles aux choses qui regardent vostre salut eternel, qu'vn exemple si funeste
ne fasse point d'impression dans vos esprits.

Pour reuenir à nostre sujet, n'est-ce pas vne
grande simplicité, de vouloir defendre la seconde
proposition que nous venons de renuerser si solidement par quelques passages de S. Augustin
qui parlent de la grace efficace? Comme si de ce
que cette grace n'est pas rejettée, il s'ensuiuoit
que les hommes ne rejettent iamais aucune grace,
auec laquelle ils puissent agir? Nous reconnois-
sons fort librement auec S. Augustin que la grace
efficace n'est iamais sans son effet, autrement il n'y

auroit point de raiſon de l'appeller efficace; mais nous reconnoiſſons auſſi auec le meſme Saint qu'il y a des graces auec leſquelles nous pourrions agir, ſi nous voulions, & dont nous empeſchons l'effet par noſtre malice. Et c'eſt abuſer indignement de l'authorité & des paroles de ce Saint, que d'employer ce qu'il a dit de la grace efficace, pour renuerſer ce qu'il a écrit tant de fois, & ſi expreſſément de celle que nous appellons ſuffiſante.

Et comme il eſt mal-aiſé de ſouffrir, ſans dire mot, vne ſupercherie ſi manifeſte, il eſt difficile auſſi de voir ſans reſſentiment, la mauuaiſe foy dont on allegue ce que dit S. Thomas, apres S. Auguſtin, que Dieu donne aux vns par miſericorde, la grace qu'il refuſe aux autres par iuſtice. Comme ſi l'on pouuoit inferer de ces paroles, qui ne s'entendent que de la grace efficace, qu'il n'y a point de grace ſans effet, ſelon la doctrine de S. Thomas; ce qui eſt vne fauſſeté inſupportable, puis que ce Saint enſeigne expreſſément, [a] *que nous auons des graces qui ſont de ſoy ſuffiſantes pour ne point pecher, & que nous meritons à preſent vne peine d'autant plus grande, que nous ſommes coupables d'vne plus grande ingratitude, apres auoir receu de plus grands biens-faits, & ne nous ſeruant point du ſecours que Dieu nous donne.* [b] Et il eſtablit cette meſme verité en tant

[a] Dicendum quòd gratia noui Teſtamenti, etſi adiuuet hominem ad non peccandum, non tamen ita confirmat in bono, vt homo peccare non poſſit, hoc enim pertinet ad ſtatum gloriæ, & ideo ſi quis poſt acceptam gratiā noui Teſtamenti peccauerit, maiori pœna eſt dignus, tanquam maioribus beneficiis ingratus, & auxilio ſibi dato non vtens, nec tamen propter hoc dicitur, quòd lex noua iram operatur, quia quantum eſt de ſe ſufficiens auxilium dat ad non peccandum. *S. Tho. 1. 2. q. 106. art. 2. ad 2.*

[b] Cùm ſit in poteſtate liberi arbitrij impedire diuinæ gratiæ receptionem vel non impedire, non immeritò in culpam imputatur ei qui impedimentū præſtat gratiæ receptioni. Deus enim quantum in ſe eſt, paratus eſt omnibus gratiam dare, vult enim omnes homines ſaluos fieri & ad agnitionem veritatis venire, vt dicitur ad Timoth. 1. cap. 2. Sed illi ſoli gratia priuantur, qui in ſeipſis gratiæ impedimentum præſtant, ſicut ſole mundum illuminante in culpam imputatur ei qui oculos claudit. *3. contra gent. cap. 159.*

Cor humanum ex ſe ad inferiora tendens non poteſt ſurſum eleuari niſi tractum : ſi verò non eleuatur, non eſt defectus ex parte trahentis, qui quantum in ſe eſt, nulli deficit, ſed eſt propter impedimentum eius qui non trahitur. *In cap. 6. Joan. lect. 5. & alias ſæpiſſimè ſimilia tradit.*

d'autres lieux, où il fait clairement mention des
graces que nous rejettons, qu'il est impossible
qu'vn homme de bon sens le puisse tirer dans
vn sentiment contraire, apres l'auoir leu exactement, à moins que d'agir contre sa propre conscience, & d'auoir dessein d'en faire accroire aux
personnes trop credules, qui ne penetrent point
le fonds des choses, & qui sont persuadées par les
moindres apparences.

Mais que dirons nous à ceux qui opposent,
que c'est vne mocquerie d'admettre vne puissance qui n'ait iamais d'effet, & partant qu'il
ne faut point admettre de grace suffisante, qui
ne soit ensemble efficace; parce qu'autrement ce
seroit admettre vne puissance inutile, & aduoüer
que nous pouuons faire vne chose que nous ne
faisons iamais, ce qui est ridicule? Voicy ce
qu'on doit répondre à ceux qui proposent au
peuple ce beau raisonnement, par lequel ils
ostent aux hommes la puissance de faire, ce
qu'il ne font pas. Saint Augustin ayant écrit
en quelqu'vn de ses ouurages, que l'homme
peut estre sans peché, quoy qu'il ne se soit trouué personne, excepté Iesus-Christ, qui en ait
esté entierement exempt; cette proposition qui
establit la grace suffisante, mesme en tous les
hommes, d'vne maniere excellente, semble étran-
ge & ridicule à vn certain Marcellinus, parce
que, disoit-il, c'est mal à propos qu'on appelle
possible vne chose qui ne se fait iamais, & doit

on n'a point d'exemple. Mais le Saint repoussa
plaisamment cette raison, [a] monstrant par la sainte Escriture, qu'il y a beaucoup de choses qui se
peuuent faire, & qui neantmoins ne se font iamais: *Comme il se peut faire qu'vn chameau passe
par le pertuis d'vne aiguille, quoy que cela ne se soit
jamais fait, & comme il estoit possible que douze mille
legions d'Anges se missent en deuoir d'empescher la
mort de Iesus-Christ, ce qui neantmoins n'est point
arriué.* Et par ces exemples, & autres, il monstre,
qu'il ne faut pas nier que les hommes ne puissent
estre sans peché, quoy qu'il ne s'en trouue aucun,
excepté Iesus-Christ, en qui cela s'accomplisse
parfaitement.

Nous n'auons qu'à employer cette réponse
contre les Iansenistes: car puis qu'ils ne jurent
que par saint Augustin, ils sont obligez de la
receuoir, & de reconnoistre auec luy, que c'est
vne grande impertinence, de croire que nous
n'auons pas la grace suffisante pour faire le bien
que nous ne faisons pas. En effect combien pourrions nous faire de bonnes œuures que nous ne
faisons pas? Au lieu que nous nous contentons
d'oüyr vne Messe par jour, qui empesche que
nous n'en entendions deux ou trois? Ne pourrions nous pas prier Dieu plus souuent, ou plus
long-temps, ou auec plus de ferueur que nous
ne faisons? Qui empesche que cét homme qui
se porte bien, & qui a vne forte santé, ne jeusne
plus souuent qu'il ne fait? Est-ce vne necessité

[a] Absurdum enim tibi videtur dici aliquid fieri posse cuius desit exem-plū, cùm sicut credo non dubites, nunquam esse fa-ctum, vt per foramen acus camelus transiret, & tamen ille hoc quoque dixit Deo esse possibile. Legas etiam duodecim millia legiones Angelorum pro Christo ne pateretur pugnare potuisse, nec tamen factum. *Lib. de Spiritu & littera cap. I.*

fatale, que cét auaricieux ne donne iamais rien
aux pauures qu'il rencontre dans les ruës? N'a-
t'il point la puiſſance de leur donner quelque
teſton pour l'amour de Dieu? Et ſi quelquefois
il met la main à la bourſe pour faire l'aumoſne,
ne pourroit-il pas en tirer vne piſtole ou vn eſ-
cu, ou du moins vne piece marquée, auſſi bien
qu'vn denier? Il eſt viſible à tous ceux qui ne
veulent point s'aueugler volontairement, que
nous auons la puiſſance de faire beaucoup de
bonnes actions que nous ne faiſons pas, & par
conſequent qu'on ne doit pas nier la grace ſuffiſante, quoy qu'elle n'ait point d'effect; veu meſme qu'il ne tient qu'à nous qu'elle n'ait l'effect
pour lequel Dieu nous la donne.

Et c'eſt vn merueilleux aueuglement, de ſe
moquer de cette grace que ſaint Auguſtin admet
ſi expreſſément auec tous les Catholiques, &
d'en admettre cependant d'autres qui n'ont, &
ne peuuent auoir d'effect. Car puis que nous
ſommes obligez de faire de bonnes œuures, &
qu'il eſt en noſtre liberté de ne les faire pas, vn
homme de jugement ne peut pas trouuer eſtrange que nous ayons des graces ſuffiſantes, dont
nous empeſchons l'effect par noſtre liberté.
Mais de croire auec Ianſenius, que Dieu nous
donne certaines graces inſuffiſantes, & impuiſ-
ſantes, c'eſt à dire auec leſquelles il eſt impoſſible que nous faſſions aucune action qui ſoit
bonne & meritoire; c'eſt ce que ic trouue non
                                          ſeule-

seulement extrauagant & ridicule, mais aussi
tres-injurieux à la bonté de Dieu : estant visible
qu'il se mocqueroit ouuertement des hommes,
s'il leur donnoit des graces dont il leur fust impossible de se seruir. Que si l'on côsidere apres tout
cela, les discours injurieux & infames dont on a
voulu noircir la reputation de la Sorbonne, parce
qu'elle a trouué bon qu'on examinast la seconde
proposition que nous venons de combattre ; qui
ne iugera aussi-tost que c'est vn esprit tout contraire à celuy de Dieu, qui a porté ces plumes
médisantes à outrager des Docteurs tres-celebres
en pieté & en doctrine, pour vn sujet dont ils
meritent des applaudissemens, & des recompen-
ses ?

TROISIESME PROPOSITION.

LA troisiesme Proposition nous apprend,
que pour meriter & demeriter dans l'estat
de la nature corrompuë, il n'est pas necessaire
que l'homme soit libre & exempt de necessité,
mais seulement qu'il soit exempt de contrainte.
Mais qui ne voit que cette maxime est entierement contraire à la Foy Catholique, & qu'elle
ruine la liberté auec le merite ? Estant constant
parmy les Theologiens, qu'vn homme qui fait
quelque chose par necessité, n'agit point librement, quoy qu'il ne soit pas contraint de la faire,
& par consequent qu'il ne merite ou ne demerite
point en la faisant.

---

a III. Thesis. Ad merendum & demerendum in statu naturæ lapsæ, non requiritur in homine libertas à necessitate, sed sufficit libertas à coactione.

Que si l'on me demande, quelle difference il
y a entre vne action contrainte, & vne action
qui n'est que simplement necessaire: Ie répons
qu'vne action contrainte procede d'vne cause
externe, & se fait contre l'inclination naturelle
de la chose qui est contrainte de la produire, comme on peut conceuoir par l'exemple d'vne pierre
qui est iettée en haut; car ce mouuement ne procede point de la pierre, mais du bras qui la pousse
contre l'inclination naturelle qu'elle a de tendre
en bas, à cause de sa pesanteur: mais l'action
qui n'est que simplement necessaire, procede de
la chose qui agit, comme lors que le feu monte,
ou que la pierre descend: Car quoy que ces mouuemens se fassent necessairement, cela n'empesche pas qu'ils ne procedent d'vne cause interieure
& naturelle, sçauoir l'vn de la legereté du feu, &
l'autre de la pesanteur de la pierre.

D'où il est aisé de iuger, qu'encore qu'vne
action qui procede de nostre volonté, puisse
estre necessaire, il ne se peut faire neantmoins
qu'elle soit contrainte. Parce que pour estre vne
action contrainte, il faudroit qu'elle procedast
d'vn principe externe, & que nostre volonté n'y
cooperast nullement, qu'au contraire elle y resi-
stast de tout son pouuoir, comme la pierre resiste autant qu'elle peut à l'impression de celuy
qui la pousse en haut: c'est pourquoy toutes nos
actions volontaires procedant de nostre volonté,
il s'ensuit euidemment qu'aucune de nos actions

ne peut estre ensemble volontaire, & contrainte.
Neantmoins quoy que nostre volonté ne puisse
rien vouloir par contrainte, il se peut faire qu'elle veüille quelque chose necessairement, en sorte qu'on ne puisse point s'empescher de le vouloir. Comme on voit dans ces premiers mouuemens d'amour, ou de haine qui preuiennent la
raison; estant impossible d'éuiter qu'ils ne nais-
sent dans nos cœurs, quoy qu'il soit en nostre
pouuoir, de les estouffer incontinent apres leur
naissance.

Voicy donc la pensée de Iansenius: Comme
il enseigne que la grace efficace necessite nostre
volonté, n'osant pas d'ailleurs choquer directement la liberté, & le merite de l'homme dans
les bonnes actions, il s'est trouué obligé de dire
que la necessité d'agir ne blesse point nostre liberté, mais seulement la contrainte, & qu'ainsi
pour agir librement auec la grace efficace, il suffit que nos actions soient volontaires, bien
qu'elles se fassent auec necessité. [a] Calvin est dans
le mesme sentiment, puis qu'il aduoüe en paroles expresses, qu'il admet la liberté entant qu'elle est opposée à la contrainte, & mesme qu'il
tient pour heretiques tous ceux qui soustiennent le contraire; & que s'il a quelquefois rejetté la liberté, c'est entant qu'on la prend d'v-
ne autre maniere, sçauoir pour vne puissance
exempte de necessité, & qui est indifferente à
faire cecy ou cela, mesme auec la grace. Mais il

[a] Si coactioni op-
ponitur libertas, li-
berum esse arbitriû
& fateor & constâ-
ter asseuero, ac pro
hæretico habeo
quisquis secus sen-
tiat. Si hoc, inquã,
sensu liberum voce-
tur, quia non co-
gatur aut violenter
trahatur externo
motu, sed sponte
agatur sua, nihil
moror. Sed cùm
aliud prorsus vulgò
concipiant, dum
hoc epitheton ho-
minis voluntati at-
tributum vel au-
diunt vel legunt,
hæc causa est cur
mihi displiceat.
Lib. 2. contra Pighium
§. Audiamus tamen.

y a vne infinité de passages dans la sainte Escriture, qui monstrent ouuertement que nostre liberté consiste dans l'indifference à faire, ou ne faire pas; que nous ne sommes point necessitez à faire le bien, ou le mal; que ceux-là meritent recompense, qui ont gardé les commandemens de Dieu, pouuant ne les pas garder; & choses semblables que les Peres rapportent ordinairement pour en prouuer nostre liberté, & que tous les Docteurs qui traittent des controuerses contre Caluin, employent vtilement pour monstrer que la liberté ne sçauroit subsister auec la necessité d'agir. Il seroit superflu d'apporter icy les propres paroles des Peres, pour confirmer cette verité, puis qu'elles se trouuent dans Bellarmin, & dans plusieurs autres autheurs qui defendent la liberté contre les heretiques. ^a Ie desire seulement qu'on remarque, que saint Thomas rapportant l'opinion de quelques-vns qui disoient, que nostre volonté n'est pas contrainte, mais seulemét necessitée dans ses actions, prononce absolument *que cette opinion est heretique, parce qu'elle renuerse le merite & le demerite dans les actions humaines.* Il dit encor, *que cette opinion doit estre mise parmy celles qui sont bannies de la Philosophie, parce qu'elle n'est pas seulement opposee à la Foy, mais aussi qu'elle ruine tous les principes de la Philosophie morale.* Il adjouste enfin, *que les autheurs de cette opinion ont esté portez à la soustenir, en partie par malice & opiniastreté, en partie pour quelques raisons sophistiques dont ils n'ont sçeu se débroüiller.*

D'où les personnes iudicieuses peuuent voir l'estat qu'on doit faire des crieries artificieuses de nos Aduersaires, lors qu'ils declament contre la Philosophie, parce qu'elle employe la lumiere naturelle pour le seruice de la Theologie, & de la Foy: abusans apres les heretiques des paroles de saint Paul, lors qu'il décrie cette vaine Philosophie, qui combat la Foy par les subtilitez d'vne fausse Logique. En quoy leur peu de iugement, & la passion dont ils sont agitez est d'autant plus visible, qu'à la fin de leurs Considerations fort inconsiderées, ils font l'honneur à S. Augustin de le qualifier en François, *grand Philosophe*, quoy que ce celebre Docteur de Paris, dont ils rapportent le Latin, se contente de le nommer *grand Logicien*. Mais faut-il s'estonner que ceux qui ne veulent point de grace, si elle n'estouffe la liberté naturelle, ne veüillent point aussi d'autre Theologie, que celle qui éteint la raison naturelle; puis qu'ils iugent bien que leur doctrine est si extrauagante, qu'ils auront de la peine à trouuer des sectateurs, parmy ceux qui voudront se seruir de leur raison naturelle, pour s'engager dans leur party, ou pour y demeurer ? En effect il ne faut que lire le commencement de cét ouurage, pour iuger qu'il est impossible d'embrasser la nouuelle doctrine, à moins que de renoncer au sens com-

mun, & de s'aueugler soy-mesme par vne stu-
pidité inoüye. Et i'estime qu'il suffit pour auoir
mauuaise opinion ou de la conscience, ou du
jugement naturel de quelqu'vn, de sçauoir qu'il
est Ianseniste. Tant s'en faut qu'il soit vray,
que tous les beaux esprits de l'Vniuersité se
iettent dans ce party, comme ces faiseurs de libelles l'asseurent auec non moins de fausseté que
de vanité.

Mais ne condamnera-t'on pas saint Augustin d'heresie, si la proposition que nous examinons doit passer pour heretique ? Il le faudroit
sans doute, s'il estoit dans le sentiment qu'on luy
attribuë, puis que la Censure de S. Thomas, & de
tous les Theologiens de l'Europe, qui est fondée sur la sainte Escriture, sur les Peres & sur
les Conciles, tombe sur cette proposition, en
quelque lieu qu'elle se trouue. Comme si l'on
suppose que S. Augustin soustient, que Iesus-
Christ n'est point reellement dans l'Eucharistie,
il faut que tous les Catholiques aduoüent que
son opinion est heretique pour ce poinct là,
puis qu'elle est ouuertement contraire à la Foy
de l'Eglise. Car de dire que la doctrine de saint
Augustin n'a iamais esté condamnée, c'est vne
défaite trop ridicule & trop malicieuse, pour inferer de là qu'il ne faudroit donc pas la condamner, au cas qu'on y trouuast quelque proposition formellement contraire au sentiment de
l'Eglise. Nous aduoüons bien que S. Augustin

n'a pas esté condamné, parce que nous estimons
qu'il ne dit rien qu'on ne puisse ajuster auec la
Foy Catholique, comme on le peut voir clairement par cét examen, aux choses qui regardent
la grace & la liberté. Mais c'est vne supercherie
insupportable, de faire dire à S. Augustin tout ce
qu'on veut, & d'empescher qu'on n'entre en connoissance de la Doctrine qu'on luy attribuë, sous
pretexte que les Papes l'ont toûjours fort respe-
cté, & qu'ils ont declaré generalement que sa
Doctrine estoit saine & Catholique. Calvin en
pouuoit bien dire autant; & neantmoins le Concile de Trente n'a pas laissé de condamner la doctrine de cét hererique, sans auoir égard à vne infinité de passages de ce saint Docteur, dont il
l'appuyoit. Comme aussi les Papes qui ont cen-
suré les opinions de Bajus, se sont mocquez de
tout ce qu'il alleguoit de S. Augustin pour les
authoriser. Et nous auons veu qu'Vrbain VIII.
& Innocent X. ont renouuellé la mesme Censure contre Iansenius, sans se soucier des prote-
stations qu'il fait tant de fois de ne rien dire de
soy-mesme, & de rapporter sincerement la veritable doctrine de saint Augustin. Cela fait voir
que tous ceux qui lisent saint Augustin ne l'entendent pas, & que c'est vne folle entreprise de
choquer les communs sentimens de la Theologie, sous pretexte qu'on peut les combattre ap-
paremment par quelques paroles de ce Pere.
Veu principalement que si les Nouateurs trou-

uent des passages dans saint Augustin, qui soient fauorables à leurs desseins, les Catholiques y en trouuent aussi beaucoup qui sont entierement conformes aux opinions communes; & qui par consequent seront toûjours preferez par le jugement de l'Eglise, à tout ce qu'on pourroit alleguer de ce Saint, contre la Theologie ordinaire. Cela se voit clairement dans le sujet dont nous traittons maintenant, sans parler des autres dont nous auons déja parlé: estant certain que saint Augustin monstre en beaucoup d'endroits, que la necessité ne subsiste point auec la liberté dans vne mesme action. C'est ce qu'il enseigne manifestement & amplement, dans les trois liures qu'il a composez du libre arbitre, faisant voir qu'il est en nostre liberté de garder les commandemens de Dieu, ou de ne les point garder. C'est pourquoy aprés plusieurs discours par lesquels il establit cette verité, il conclud de la sorte. [a] *Tu vois donc maintenant, comme ie croy, qu'il est au pouuoir de nostre volonté de joüir de ce bien si excellent, & si solide, ou bien de le perdre.* [b] Et il met cette difference entre le premier mouuement de la volonté, qui est excité naturellement par la veuë d'vn objet, & le libre consentement; que le premier n'est point en nostre puissance, mais que nous pouuons produire l'autre, ou ne le pas produire; estant en nostre liberté d'embrasser l'objet qui nous est proposé, ou de le rejetter.

a Vides igitur iam existimo in voluntate nostra esse constitum, vt hoc fruamur vel careamus tanto & tam vero bono. *Lib.* 1. *de libero arb. c* 11.

b Quid quisque sumat vel respuat est in potestate, sed quo viso tangatur nulla potestas est. *Lib.* 3. *c.* 23.

II

Il dit ailleurs, [a] *Nous ne soufmettons point la naif-*
fance de perfonne à la deftinée des eftoiles, afin de con-
feruer le libre arbitre de l'homme, par lequel on vit
bien, ou mal, exempt de tout lien de neceffité, à cau-
fe du iufte jugement de Dieu. Monftrant par ces
paroles qu'il rejette la fatalité, pour ce que comme elle emporte neceffité d'agir, elle bleffe la
liberté, qui eft vne puiffance indifferente à faire
ou ne faire pas; & parce qu'il s'enfuiuroit auffi
que l'homme ne pourroit point eftre iugé de
Dieu auec iuftice, puis que perfonne ne merite
ni ne demerite aux chofes qu'il fait neceffairement.

Il dit de plus, [b] *qu'il n'appartient qu'à Dieu de*
produire vn arbre, mais qu'il eft en noftre pouuoir
de faire vn bon, ou vn mauuais arbre. Voulant dire que c'eft à Dieu de nous donner la
puiffance libre, & de la conferuer par fon
concours continuel; qu'il eft neantmoins en
noftre pouuoir de faire que cét arbre porte de
bon, ou de mauuais fruict; parce que nous
fommes indifferens à faire le bien, par l'affiftance de la grace qui ne nous manque point,
& à faire le mal de noftre propre volonté; &
que nous ne fommes portez par aucune neceffité à faire ni l'vn ni l'autre. D'où vient
qu'il eftablit fur cette indifference que les hommes poffedent, la juftice qui eft obferuée dans la
recompenfe des bons, & dans le chaftiment des
méchans.

F

a Et nos quidem fub
fato ftellarum nul-
lius hominis gene-
fim ponimus, vt li-
berum arbitrium
voluntatis, quo vel
bene vel malè viui-
tur, propter iuftum
Dei iudicium, ab
omni neceffitatis
vinculo vendice-
mus. *Lib. 2. contra*
Fauftum cap 5.

b Nemo nifi Deus
facere arborem po-
teft, fed habet vnuf-
quifque volitatem
aut eligere quæ bo-
na funt, & effe arbor
bona, aut eligere
quæ mala, & effe
arbor mala. *Lib. 2.*
de actu, cum Fælice
cap 4.

Il dit de plus, [a] *que c'est vne grande meschanceté & vne haute folie d'estimer quelqu'vn coupable de peché, parce qu'il n'a pas fait ce qu'il n'a pû faire. C'est pourquoy, ajouste-t'il, si ces ames font tout ce qu'elles font par nature, & non par volonté, c'est à dire si elles n'ont point le mouuement libre à faire, ou ne faire pas; & enfin si on ne leur accorde point le pouuoir de s'abstenir des actions qu'elles font, nous ne pouuons point les accuser en cela de peché.* D'où l'on peut recueillir premierement, Que pour estre coupable de quelque peché actuel, il faut auoir la puissance de l'éuiter. Secondement, Que c'est vne mesme chose, selon saint Augustin, agir par volonté, & agir sans necessité, ou auec vne parfaite indifference à faire, ou ne faire pas. Ce qui monstre la foiblesse de cét argument inuincible que Iansenius ramene si souuent, sçauoir qu'il suffit afin qu'vne action soit libre, qu'elle procede de la volonté: estant certain que cela se doit entendre des actions qui procedent de la volonté, comme d'vn principe libre & indifferent; & non pas de celles qui en procedent, comme d'vn principe naturel & determiné.

Il approuue aussi [b] ces paroles de saint Ierôme, qui luy furent objectées par Pelagius: *Dieu nous a creez auec le libre arbitre, & nous ne sommes point tirez aux vertus, ni aux vices par necessité, parce que là où il y a necessité, il n'y a ni recompense, ni peine.* Mais afin que Pelagius n'abuse point de ces paroles, pour en conclurre que nous pou-

uions également faire le bien, & le mal de nous
mesmes, il adjouste, qu'il n'y a point de necessité à faire le bien, parce qu'on le fait auec la liberté de la charité. Et ces paroles sont si euiden-
tes, qu'on a grand sujet de se mocquer de ceux
qui pensent les eluder, en disant qu'elles ne doiuent s'entendre que du premier homme; comme si ce que dit saint Ierôme, que nous ne sommes point portez de necessité au bien, ny au
mal, pouuoit s'entendre seulement du premier
homme, non plus que ce que dit saint Augustin
generalement & absolument, qu'il n'y a point
de necessité à faire le bien, parce qu'on le fait
auec la liberté de la charité. Certes il vaudroit
bien mieux ne rien dire, que d'employer à l'i-
mitation des heretiques, des défaites si pueriles,
contre des passages formels, qui monstrent euidemment la fausseté de la proposition que nous
combattons: par laquelle on veut accorder la necessité d'agir, auec la liberté & le merite.

Enfin si saint Augustin a iamais crû que la necessité subsiste auec la liberté, c'est principalement dans les actions que nous faisons par le
moyen de la grace efficace; puis que nos Aduersaires soustiennent que cette grace victorieuse determine & necessite nostre volonté, dans
toutes les actions qu'elle luy fait produire. Mais
nous ferons voir clairement en examinant la
proposition qui suit, que saint Augustin n'a jamais pensé que la grace efficace nous necessite au

a Sed multis qui
iam iudicio rationis
vruntur,ideo liberŭ
esse discedere , vt
non discessisse sit
præmium , & vt
quod non potest ni-
si cooperante Dei
spiritu fieri , eorum
meritis deputetur,
quorum id potuit
voluntate non fieri.
*Lib. 2. de vocat.
Gent. cap. 12.*
b Ipsâmque gloriā
iisdem quibus eam
impertit adscribit,
vt quamuis auxilio
Dei steterint , tamē
quia in se habebant
vnde caderent, ip-
forum sit meritum
quod steterunt.
Ibid. cap. 28.
c Est verò ratio data
volūtati vt instruat
illā,non vt destruat:
destrueret autem si
necessitatem ei vl-
lam imponeret,quo-
minus liberè pro
arbitrio sese volue-
ret, siue in malum
consentiens appeti-
tui,&c.siue ad bonŭ
gratiam sequens.
*Lib. de gratia & libero
arb.*
d Cæterŭ quod sui
liberum non esse
cognoscitur , quo
pacto vel bonum ei
vel malum imputa-
tur? excusat nam-
que vtrumque ne-
cessitas. Porro vbi
necessitas, ibi liber-
tas non est, vbi li-
bertas non est, nec
meritum,ac per hoc
nec iudicium *Ibid.*

bien ; qu'au contraire il enseigne plusieurs fois en termes fort clairs & exprés, que la grace ne nous fait point agir necessairement, & qu'elle nous laisse dans l'indifference de faire ou ne faire pas ce qu'elle demande de nous.

Saint Prosper disciple & defenseur de saint Augustin, soustient clairement, [a] que le merite ne subsiste point auec la necessité d'agir, lors qu'il dit *que la raison pourquoy il est libre à ceux qui ont embrassé la Foy, de la quitter, c'est afin qu'ils soient recompensez pour ne l'auoir pas quittée, & que ce qui ne se peut faire sinon par la cooperation du saint Esprit, soit imputé aux merites de ceux qui ont pû ne le pas faire par leur volonté.* Il dit ailleurs pour le mesme sujet, [b] *que Dieu rapporte la gloire à ceux à qui il la donne, parce qu'encore qu'ils n'ayent point perseueré, qu'auec l'assistance de Dieu, le merite leur en est attribué, puis qu'il estoit en leur pouuoir de ne point perseuerer.*

Saint Bernard n'a jamais eu d'autre sentiment, quoy qu'on veüille dire. Car il dit expressément [c] *que la raison est donnée à la volonté pour l'instruire, & non pas pour la destruire, & qu'elle la détruiroit si elle luy imposoit aucune necessité, & si elle l'empeschoit de se porter librement selon son plaisir soit au mal, en consentant à l'appetit, soit au bien en suiuant la grace.* Et il ajouste vn peu prés, [d] *que ni le bien ni le mal ne doit estre imputé à celuy qui n'est point libre de soy, parce que l'vn &*

*l'autre est excusé par la necessité, & que là où il y a
necessité, il n'y a ni liberté ni merite, & par consequent ni jugement.* Il dit aussi ailleurs [a] tres-expres-
*sément, que la liberté de l'homme consiste dans l'in-
difference à faire le bien & le mal, & que c'est auec
raison que ce qu'il fait soit bien ou mal luy est imputé à merite, parce qu'il est libre à ne le faire pas.*
Croirons nous aprés tant de preuues, & si conuainquantes, que saint Augustin a estimé que
la liberté & le merite subsistent auec la necessité
d'agir?

Mais, dira quelqu'vn, est-il possible qu'aucune
necessité ne puisse subsister auec la liberté & le
merite? Nos Aduersaires avoüent que la necessité
naturelle, & celle qui se rencontre dans les mouuemens qui preuiennent la raison, empesche la
liberté & le merite. On ne doit pas pourtant conclure de là, selon leur sentiment, que la necessité qui vient de la volonté mesme, & de la force
auec laquelle elle s'applique à son objet par
amour, & auec plaisir, empesche le merite & le
demerite de ses œuures; ny par consequent qu'on
doiue condamner la troisiesme proposition, puis
qu'elle ne s'entend que de cette sorte de necessité. Voila certes vne objection fort deliée, &
qui monstre la haute suffisance de celuy qui la
propose. Il n'y a si petit Escolier de Theologie
qui ne sçache, que quand on traitte de la liberté, on distingue pour l'ordinaire deux sortes
de necessitez, dont l'vne s'appelle antecedente,

F iij

a Arbitrij libertas
hæc est planè diui-
num quiddam præ-
fulgens in anima,
tanquam gemma in
auro. Ex hac nempe
inest illi inter bonū
quidem & malum,
nec non inter vitam
& mortem, sed &
nihilominus inter
lucem & tenebras,
& cognitio iudicij
& optio eligendi,
&c. Vnde & libe-
rum nominatur ar-
bitrium quòd liceat
versari in his pro
arbitrio voluntatis.
Inde homo ad pro-
merendum potis;
omne etenim quod
feceris bonum ma-
lumve, quod qui-
dem non facere li-
berum sit, meritò ad
meritum reputatur.
Serm. 81. in Cant.

parce qu'elle preuient noftre volonté, & caufe
fon action; l'autre fe nomme confequente, parce
qu'elle fuit le libre exercice de noftre volonté.
Tout le monde fçait auffi que la neceffité confequente ne repugne point à la liberté, puis
qu'elle en fuppofe l'action, & l'vfage libre; eftant
vifible par exemple que ie ne laiffe pas d'écrire librement, quoy que, fuppofé que i'écris actuellement, il foit neceffaire que i'écriue, & qu'il me
foit impoffible de ne pas écrire; parce qu'autrement ie pourrois écrire, & ne pas écrire, tout en-
femble, ce qui eft abfolument impoffible. La difficulté eft donc de fçauoir, fi la neceffité antecedente peut s'accorder auec la liberté, en forte que l'homme eftant pouffé par quelque caufe
exterieure à faire vne action neceffairement, fans
pouuoir s'empefcher de la faire, la faffe toutes-
fois librement, parce que fa volonté la produit
effectiuement, & qu'ainfi c'eft vne action volontaire, & non contrainte. Et Ianfenius eftime
que cette forte de neceffité s'accorde parfaitement auec la liberté, comme il le prouue par l'e-
xemple de l'amour que Dieu fe porte à foy-mef-
me, & par celuy que les bien-heureux portent à
Dieu, lequel il croit eftre tres libre, quoy qu'il foit
tres-neceffaire.

Et c'eft en ce fens que la troifiéme propofition a efté condamnée d'herefie par la Sorbonne il y a quatre-vingts ans, & long-temps au-
parauant par faint Thomas, comme nous

auons veu. Estant impossible d'accorder la propre liberté, & le merite dont nous parlons, auec
la necessité d'agir, de quelque cause que cette
necessité procede; comme tous les Controuer-
sistes le prouuent inuinciblement par la sainte
Escriture, par tous les Peres Grecs, & Latins, &
par le consentement vniuersel de tous les Theologiens. C'est pourquoy l'autheur des Considerations est trop impertinent, de nous opposer
vne necessité qui soit causée par la volonté mesme, comme si la These que nous examinons,
pouuoit s'entendre de cette seule necessité qui
n'est que consequente; puis qu'elle pretend ouuertement, que la necessité mesme antecedente
n'oste point le merite ou le demerite des actions;
& qu'il suffit afin qu'vne action soit meritoire ou
demeritoire, qu'elle soit produite volontairement, & sans contrainte.

En quoy l'on doit remarquer l'artifice de ces
faiseurs de libelles, car ou il faut qu'ils soient
fort ignorans dans les matieres de la grace, &
qu'ils n'entendent pas au fonds le veritable sujet de nos disputes; ou qu'ils soient tres-mali-
cieux de changer l'estat de la question, puis que
ce changement ne se peut faire que par vn dessein
de tromper les simples, en leur persuadant que
la Sorbonne n'agit point contre eux de bonne
foy, & qu'ils sont bien éloignez des opinions
estranges qu'on leur attribuë. Et parce que
tous les hommes connoissent par la simple lu-

miere de la nature, que nous faisons librement
nos actions, pouuant les faire, ou ne les faire
pas, comme il nous plaist, & qu'il n'y a point
de liberté à ce qui se fait par necessité; pour ne
point choquer vn sentiment si vniuersel, & si
bien estably, ils font semblant de rejetter la necessité antecedente, comme contraire à la liberté
& au merite, & de n'en point admettre d'autre
que celle qui procede de la volonté, lors qu'elle
s'applique fortement à vn objet; ce qui n'est, à
dire le vray, qu'vne pure tromperie. Comme si
personne pouuoit douter, que nous ne puissions
rompre en vn moment nos plus fortes resolu-
tions, si elles ne procedent que de nostre volonté: puis qu'il est constant que mesme apres
nous estre engagez par des contracts, par des
vœux, & par des sermens, qui sont les moyens les
plus forts dont nous puissions nous affermir en
quelque chose, il nous est tres-libre de ne rien
faire de ce que nous auons promis, si nous voulons rompre contre nostre conscience, la foy que
nous auons donnée. Ou que Iansenius se fust
contenté d'admettre cette belle sorte de necessité, & qu'il eust bien pris de la peine pour l'accorder auec la liberté; ou que pas vn Theologien eust iamais songé à reprendte comme de-
structeurs de la liberté, ceux qui soustiennent
que la necessité de faire quelque chose que
l'homme s'impose luy-mesme par sa propre volonté, n'empesche pas qu'il n'agisse librement &
auec

auec merite. Tout cela ne procede que d'ignorance, ou, ce qui eſt plus croyable, d'vn deſſein de ſe cacher, & d'abuſer le peuple par cét artifice.

Vn autre pourra nous oppoſer diuers paſſages de S. Thomas, qui ſemblent accorder la liberté & le merite auec la neceſſité antecedente,
pourueu qu'il n'y ait point de contrainte. Mais
qui ne voit en cette objection l'artifice dont ie
viens de parler? Les Ianſeniſtes font ſemblant
d'vne part, de n'admettre point d'autre neceſſité dans nos actions que la conſequente, & de l'autre ils font tous leurs efforts pour monſtrer, que
la neceſſité antecedente peut ſubſiſter auec la liberté, & auec le merite. En quoy ils commettent
vne ſeconde tromperie, car quoy que les preuues qu'ils rapportent, tendent à monſtrer que la
neceſſité antecedente s'accorde parfaitement
auec la liberté, & auec le merite, & que toutes
les fois qu'ils parlent de la grace efficace, ils ad-
uouënt qu'il eſt impoſſible que la volonté la rejette, & qu'ainſi elle nous neceſſite aux bonnes
actions; ils changent neantmoins la Theſe que
nous examinons, & par les adouciſſemens qu'ils
y adjouſtent ils veulent faire croire, qu'ils eſtiment que nous auons beſoin à preſent pour agir
auec liberté & auec merite, d'eſtre exempts non
ſeulement de contrainte, mais meſme de cette
neceſſité que nous appellons antecedente, & abſoluë. Ce qui fait voir aux plus aueugles, que ces

Prothées iouënt toutes sortes de personnages, pour déguiser leurs sentimens, & pour surprendre par ces souplesses la facilité des ames simples, qui n'ont point la veuë assez subtile pour découurir leurs veritables intentions, parmy tant de déguisemens.

On voit encore leur artifice en ce qu'ils employent des passages de saint Thomas, qui ont esté expliquez il y a long-temps par plusieurs Theologiens, sans faire semblant d'auoir veu l'explication qu'on leur a donnée, parce qu'ils ne sont pas capables d'y répondre solidement. En quoy leur procedé est d'autant plus blasmable, qu'ils protestent souuent de n'auoir point d'autre dessein que de defendre la verité, & de rapporter auec vne entiere fidelité les sentimens des autheurs qu'ils alleguent. Certes si cela estoit, ils ne s'amuseroient pas à citer saint Thomas, pour prouuer que la liberté subsiste auec la necessité d'agir, puis que ce saint Docteur condamne cette opinion d'heresie en paroles expresses, & que par vne censure si severe il nous a osté tout pretexte de croire, qu'il soit luy-mesme dans ce sentiment, en quelque maniere qu'il parle ailleurs de nostre liberté.

Et comment est-ce que des personnes qui agiroient de bonne foy, pourroient faire force sur ce que S. Thomas semble quelquefois se contenter que nos actions pour estre libres, procedent de nostre volonté, puis que ceux qui

ont feüilleté tant soit peu les œuures de ce
grand personnage, ne peuuent pas ignorer qu'il
ne considere souuent nostre volonté en deux
manieres, ou comme vn principe naturel, ou
comme vn principe raisonnable; & que toutes
les actions que la volonté produit necessairement, il les rapporte à la volonté considerée
comme principe ou instinct naturel, & que celles qui se font librement, il les attribuë à la volonté entant qu'elle est vn principe raisonnable,
qui est indifferent à faire cecy ou cela; & qu'ainsi
il entend ordinairement par ce mot de volonté,
cette puissance indifferente dans laquelle nous
mettons la liberté auec les Catholiques ? De sorte que c'est vne ignorance grossiere, ou vn artifice malicieux, de vouloir persuader aux simples,
que selon saint Thomas nos actions sont libres,
pourueu qu'elles procedent de nostre volonté,
quoy qu'elles se fassent necessairement. Estant
constant que quand ce Saint rapporte les actions
libres simplement à la volonté, il entend par ce
mot de volonté, non pas nostre volonté agissante
comme vn instinct ou principe naturel, mais
comme vn principe libre & indifferent à faire, ou
ne faire pas.

C'est aussi vne ignorance inexcusable, ou vne

a Dicendum quòd voluntas diuiditur contra naturam, sicut vna causa contra aliam, quædam enim fiunt naturaliter, & quædam fiunt voluntariè. Est autem alius modus causandi proprius voluntati quæ est domina sui actus, præter modum qui conuenit naturæ, quæ est determinata ad vnum : sed quia voluntas in aliqua natura fundatur, necesse est quòd modus proprius naturæ quantum ad aliquid, participetur à voluntate, sicut quod est prioris causæ participatur à posteriori. Est enim prius in vnaquaque re ipsum esse quod est per naturam, quàm velle quod est per voluntatem, & inde est quòd voluntas naturaliter aliquid vult, 1 2. *q.* 10. *art.* 1. *ad* 1.

Dicendum quòd liberum arbitrium habemus respectu eorum quæ non necessariò volumus, vel naturali instinctu. Non enim ad liberum arbitrium pertinet quod volumus esse fœlices, sed ad naturalem instinctum, &c. Cùm igitur Deus ex necessitate suam bonitatem velit, alia verò non ex necessitate, vt suprà ostensum est, respectu illorum quæ non ex necessitate vult, liberum arbitrium habet. 1. *p. q.* 19. *art.* 10.

Dicendum quòd voluntas vt est rationalis, ad opposita se habet, hoc enim est considerare ipsam secundum hoc quod est ei proprium, sed prout est natura quædam, nihil prohibet eam determinari ad vnum. *De verit. q.* 22. *art.* 5.

G ij

tromperie euidente, que d'alleguer les passages du Docteur Angelique, où il semble se contenter pour le merite, que les actions soient volontaires & non contraintes. Car comme par le mot de volonté il entend ordinairement vne puissance libre & indifferente, [a] lors qu'il parle aussi d'actions volontaires, il veut marquer les actions libres qui procedent de la volonté indifferente. [b] Neantmoins il distingue en nous deux sortes d'actions volontaires, dont les vnes sont imparfaites, & les autres parfaites. Il appelle imparfaites, celles qui procedent d'vne connoissance imparfaite de la fin, comme sont les actions des bestes, lesquelles connoissant la fin s'y portent aussitost sans deliberation. Il appelle parfaites celles qui supposent vne connoissance parfaite de la fin, en sorte que celuy qui la connoist delibere des moyens pour y paruenir, & qu'il soit en son pouuoir de s'y porter, ou de ne pas s'y porter. Et c'est en ce sens qu'il appelle volontaires les actions de nôtre liberté, & non pas celles qui sont accompagnées de necessité. [c] C'est aussi en ce sens qu'il estime que l'homme est maistre de ses actions, entant

[a] Similiter etiam non potest dici, quòd sic moueat Spiritus sanctus voluntatem ad actum diligendi, sicut mouetur instrumētum, quod etsi sit principium actus, non tamen est in ipso agere vel non agere. Sic enim etiam tolleretur ratio voluntarij, & excluderetur ratio meriti, cū tamen supra habitum sit, quòd dilectio charitatis est radix merendi. 2. 2. q. 23. art. 2.

[b] Ad rationem voluntarij requiritur quòd principium actus sit intra cum aliqua cognitione finis; est autem duplex cognitio finis, perfecta scilicet & imperfecta, perfecta quidē finis cognitio est quando non solùm apprehenditur res quæ est finis, sed etiam cognoscitur ratio finis, & proportio eius quod ordinatur ad finem ipsum, & talis cognitio finis competit soli rationali naturæ. Imperfecta autem cognitio finis est, quæ in sola finis apprehensione consistit sine hoc, quod cognoscatur ratio finis, & proportio actus ad finem; & talis cognitio finis reperitur in brutis animalibus per sensum & æstimationem naturalem. Perfectam igitur cognitionem finis sequitur voluntarium secundum rationem perfectam, prout scilicet apprehenso fine aliquis potest deliberans de fine & de his quæ sunt ad finem, moueri in finem vel non moueri, &c. 1. 2. q. 6. art. 2.

[c] Ratio culpæ in actu deformi est, ex hoc quod procedit ab eo qui habet dominium sui actus, Hoc autem est in homine secundum illam potentiam quæ ad plura se habet, neque ad aliquid eorum determinatur, nisi ex seipsa, quod tantùm voluntati competit. 2. dist. 19. q. 1. art. 2.

Dicendum quòd sumus domini nostrorum actuum secundum quod possumus hoc vel illud eligere. 1. p. q. 82. art. 2. ad 3.

qu'elles procedent de sa volonté comme principe indifferent, ou entant qu'elles sont parfaitement volontaires, & qu'elles sont faites auec
deliberation ; parce que la raison qui delibere
estant indifferente, entant qu'elle propose cecy
ou cela, de là vient qu'il est au pouuoir de la
volonté de se ranger du costé qu'il luy plaist.
Et il met si ouuertement cét empire que nous
auons sur nos actions, dans l'indifference, qu'il
faut estre Ianseniste, c'est à dire vn monstre d'a-
ueuglement, d'obstination, & de temerité, pour
vouloir faire croire, qu'il l'admet dans les actions
volontaires qui se font necessairement. D'où il
s'ensuit manifestement, que si le Docteur Angelique semble quelquefois ne demander autre
chose pour la liberté, ou pour le merite, si ce
n'est que l'action se fasse volontairement & sans
contrainte; il faut dire que sous ce mot de, *volontairement*, il comprend ce parfait volontaire
dont nous venons de parler, qui n'est autre qu'v-
ne liberté indifferente ; & par consequent, que
par le mot de contrainte il entend tout ce qui necessite la volonté, comme plusieurs remarquent
que les Peres, & les anciens Scholastiques l'employent souuent en ce sens.

On ne sçauroit excuser non plus ce qu'on
oppose de saint Thomas, pour monstrer que Iesus-Christ meritoit, encore qu'il fust determiné à
ses actions en particulier. Car estant constant
que cette façon de parler, qui est tirée du Com-

mentaire sur le Maistre des Sentences, a esté cor-
rigée par le Docteur Angelique dans sa Somme
de Theologie, qui est son ouurage le plus estimé
de tout le monde, & qui contient la retractation
de tout ce qu'on trouue de contraire dans ses autres œuures; n'est-ce pas agir de tres-mauuaise
foy, que d'employer ce premier passage, pour
faire croire aux ignorans, que saint Thomas ap-
puye la proposition que nous combattons; quoy
qu'il soit euident qu'il l'a retractée dans sa Somme, lors qu'il a écrit, [a] *que Iesus-Christ estoit deter-
né au bien en commun, mais non pas à tel, ou tel bien en
particulier, & que pour cette raison il agissoit auec liberté?*
Et comment se pourroit-il faire que des person-
nes qui ne seroient point aueuglées d'vne horrible passion, & qui n'auroient point entierement
renoncé à la crainte de Dieu, ou à la pudeur, auroient la hardiesse de produire en public des mar-
ques si sensibles de leurs mauuais desseins ? C'est
ce que ie ne sçaurois comprendre, sur tout apres
qu'on les a si souuent conuaincus des superche-
ries continuelles dont ils vsent dans les citations
des Autheurs, & qu'ils ont esté reduits dans l'impuissance de respondre aux passage formels que
les mesmes Autheurs nous fournissent, pour l'e-
stablissement des opinions communes de l'E-
glise.

[a] Voluntas Christi
licèt sit determina-
ta ad bonum, non
tamen est determi-
nata ad hoc vel ad
illud bonum. Et
ideo pertinet ad
Christum eligere
per liberum arbi-
trium confirmatum
in bono, sicut ad
beatos. 3. p. q. 18
art. 4.

QVATRIESME PROPOSITION.

LA quatriéme proposition [a] asseure premie-rement, que les Semipelagiens admettoient la grace preuenante interieure, comme necessaire à chaque action, mesme pour le commencement de la Foy. Secondement, qu'ils estoient hereti-ques en ce qu'ils estimoient que cette grace estoit telle, qu'il estoit au pouuoir de la volonté de luy resister, ou de luy obeïr. Mais qui peut ouïr cette proposition sans horreur? N'est-ce pas vne fausseté insupportable, d'asseurer que les Se-mipelagiens admettoient la grace preuenante, comme necessaire mesme pour le commence-ment de la Foy? S. Augustin témoigne [b] ouuer-tement le contraire, lors qu'il confesse qu'il auoit esté autrefois dans l'erreur des Semipela-giens, & qu'expliquant aussi-tost en quoy cette erreur consistoit, il dit, *qu'il ne croyoit pas que la Foy fust preuenuë de la grace de Dieu, mais que nous auions seulement besoin d'entendre la predication pour croire.*

S. Prosper témoigne le contraire, [c] reprenant les Semipelagiens de ce qu'ils disoient, *que la Foy ne deuoit pas estre mise entre les dons de Dieu,*

a IV. THESIS. Semipelagiani admittebant præ-uenientis gratiæ interioris necessi-tatem ad singulos actus, etiam ad initium fidei; & in hoc erant hæ-retici, quòd ve-lent eam gratiam talem esse, cui posset humana vo-luntas resistere vel obtemperare.

b Quo præcipuè te-stimonio etiam ip-se conuictus sum, cùm similiter erra-rem, putans fidem quia in Deum cre-dimus, non esse do-num Dei, sed à no-bis esse in nobis, & per illam nos impe-trare Dei dona, qui-bus temperanter & iustè & piè viua-mus in hoc sæculo. Neque enim fidem putabam Dei gra-tia præueniri, vt per illam nobis dare-tur, quod poscere-mus vtiliter, nisi

quia credere non possemus, si non præcederet præconium veritatis Vt autem prædicato nobis Euangelio consentiremus, nostrum esse proprium, & nobis ex nobis in esse arbitrabar. *Lib. de Prædest. SS. cap 2.*

c Quam peruersitatem omnino incurrit, qui fidem ad Dei munera non putat pertinere, aut ideo eam se iactitat ad Deum referre, quia ab ipso sit creata natura qui rationabilem inseruit liberta-tem, per quam vnusquisque & credere & non credere in sua habeat potestate. *Lib. 3. responsionum ad tria priora dubia.*

finon entant que Dieu nous a donné la nature , dans laquelle il a planté la liberté naturelle , qui nous don-ne le pouuoir de croire ou ne croire pas. Et tout ce qu'il écrit contre ces Heretiques, ne butte qu'à leur faire aduoüer que nous auons befoin de grace pour croire, & pour commencer noftre falut.

Saint Fulgence témoigne le contraire , [a] lors qu'écriuant contre les Semipelagiens, il dit, *que fi, felon leur opinion, il eft en nous de pouuoir croire, auant que la grace commence de nous ayder, on l'ap-pelle grace injuftement, parce qu'elle n'eft point don-née à l'homme gratuitement, mais elle luy eft renduë pour recompenfe de fa bonne volonté.*

Pierre le Diacre & fes Affociez témoignent le contraire , [b] fouftenant contre les Semipela-giens, *que l'homme ne peut point auoir la volonté de croire par les feules forces de la nature , fans eftre aidé de la grace , & que nous auons befoin d'vne infpiration diuine pour penfer , & pour vouloir les chofes de noftre falut.*

Le 2. Concile d'Orange, qui fut affemblé par-ticulierement pour deftruire l'erreur des Semi-pelagiens, témoigne le contraire, [c] puis que la

---

Marginal and foot notes:

a Si verò fecundum opinionem illorū, noftrum eft velle credere, priufquam nos Dei gratia in-cipiat adiuuare, in-iuftè gratia dicitur, quia non gratis da-tur homini, fed bo-næ retribuitur vo-luntati. *Lib. de Incar. & gratia, cap.* 18.

b Sine hac igitur gratia, poteft qui-dem cogitare & de-fiderate humana, non autem poteft cogitare aut velle feu defiderare diui-na, &c. Quod vti-que non eft ex na-turalis arbitrij li-bertate, &c. Quod nemo per naturalē arbitrij libertatem poteft dicere nifi in Spiritu fancto. *Lib. de Incar. & gratia Chrifti cap.* 6.

c Si quis ficut aug-mentum, ita etiam initium fidei, &c. non per gratiæ donum, id eft per infpirationem Spiritus fancti, &c. fed na-turaliter nobis ineffe dicit, Apoftolicis dogmatibus aduerfarius comprobatur. *Can.* 5.

Si quis fine gratia Dei credentibus, volentibus, defiderantibus, &c. nobis mifericordiam dicit conferri diuinitus, non autem vt credamus, &c. per infufionē & infpirationem fancti Spi-ritus in nobis fieri cōfitetur, &c. refiftit Apoftolo dicenti, Quid habes quod non accepifti? *Can.* 6.

Si quis per naturæ vigorem, bonum aliquod, quod ad falutem pertinet vitæ æternæ, cogitare vt expedit, aut eligere, &c. poffe confirmat abfque illuminatione & infpiratione Spiritus fan-cti, &c. hæretico fallitur fpiritu, non intelligens vocem Dei in Euangelio dicentis, Sine me ni-hil poteftis facere. *Can.* 7.

pluspart de tous definitions ne buttent quasi à autre chose, qu'à establir la necessité de la grace preuenante pour le commencement de la Foy, & à monstrer que l'homme ne peut point auoir la volonté de croire, ni faire aucune autre action vtile pour son salut, par les seules forces de la nature. Plusieurs ont rapporté tant de passages de ce Concile, & des autheurs que ie viens d'alleguer, pour confirmer cette verité, qu'il est impossible de les lire auec des yeux desinteressez, sans découurir aussi-tost l'artifice de ceux qui taschent par de vains discours de prouuer le contraire. Comme si vn homme sage deuoit plustost s'arrester dans vne question de faict, comme est celle-cy, à des conjectures friuoles qui ne sont forgées qu'à dessein d'obscurcir la verité, qu'à vne infinité de passages formels de tous les anciens qui en ont traitté expressément & amplement.

Et qui ne voit aussi que c'est vn procedé fort injuste, d'opposer quelques paroles obscures & embarassées de Gennadius & de Faustus qui font mention d'inspiration & de grace, pour inferer de là que les Semipelagiens admettoient la grace preuenante. Comme s'il n'estoit pas fort aisé de répondre, que ces deux Autheurs pouuoient équiuoquer sous les termes d'inspiration & de grace, comme faisoit Pelagius, & entendre seulement par ces paroles quelque secours exterieur : [a] ou bien que c'est vne euidente injusti-

[a] Il est permis à ces Messieurs de mettre Gennadius au rang des Semipelagiens, parce leur plaist ainsi, quoy qu'ils ne rapportent rien de luy qui ne soit tres-Catholique. Et bien que l'Epistre de Faustus à Lucidus, qu'ils alleguent, ait esté iugée Catholique par vn Concile d'Arles, & par vn Concile de Lion, & par Baronius, Binius, & les autres Autheurs de l'Histoire Ecclesiastique, nous deuons croire neantmoins qu'elle est heretique, parce que les Calvinistes & les Iansenistes le iugent de la sorte.

ce de les mettre au rang des Semipelagiens, qui
ont esté condamnez par S. Augustin, par S. Prosper, par S. Fulgence, par Pierre le Diacre, & par
le Concile d'Orange, puis que nous voyons manifestement que ceux-là n'ont point reconnu de
grace preuenante pour le commencement du
salut. De mesme qu'on ne doit point mettre
Arminius au rang des Heretiques qui ont esté
condamnez par le Concile de Trente, lors qu'il
dit que nous pouuons rejetter la grace, puis que
cét Heretique aduouë cette verité, & qu'il s'est
departi en cela de l'opinion commune des Calvinistes. Autrement on pourroit dire absolument, en imitant le beau raisonnement des Iansenistes, que les Calvinistes admettent la grace
indifferente, & par consequent que le Concile
de Trente les ayant condamnez, a eu dessein d'e-
stablir vne grace necessitante; ce qui est plus ridicule qu'on ne sçauroit penser. Tout ainsi donc
que personne ne doute, que les Heretiques qui
ont esté condamnez par le Concile ne soient
dans ce sentiment, que nous ne pouuons point
rejetter la grace, quoy qu'il s'en trouue quelques-vns parmy eux qui soustiennent le contraire: ie dis de mesme qu'on ne peut point douter auec raison, que les Semipelagiens n'ayent
rejetté communément la grace preuenante,
quelque chose qu'on fasse dire à Gennadius & à
Faustus, puis que tous les anciens les accusent
d'estre tombez dans cette erreur, & qu'ils font

tous leurs efforts pour les en releuer; monstrant
par l'Escriture que la grace nous preuient, nous
réveille, nous excite, nous pousse auant que nous
songions à rien faire de bon, & qu'ainsi on ne
peut pas dire qu'elle attende que nous commencions nostre salut; quoy qu'il soit tres-vray, qu'a-
prés qu'elle a fait sans nous ce commencement,
elle attend nostre libre consentement, pour le
faire ensemble auec nous.

Ie ne m'arresteray point à refuter en détail
beaucoup de conjectures friuoles qu'on entasse,
pour faire croire que les Semipelagiens admettoient la grace preuenante, puis que toutes ces
imaginations s'en vont en fumée, lors qu'on les
compare auec les passages des anciens dont nous
auons prouué le contraire, & qu'il ne faut que
nier tous ces discours faits à plaisir, auec la mesme hardiesse qu'on les propose. Ie remarque
seulement que la plus forte de ces objections est
celle qu'on tire d'vn Canon du Concile d'Orange, qui porte, que la grace n'attend point nôtre volonté; d'où ces Messieurs inferent qu'elle
nous determine & nous necessite à nos actions.
Mais ce miserable argument a esté renuersé tant
de fois, qu'il faut auoir perdu le front pour
l'oser proposer de nouueau. Les Semipelagiens
estimoient que Dieu attend pour nous aider de
ses graces, que nostre volonté commence d'elle
mesme l'ouurage de nostre salut: & les Peres
ont toûjours soustenu que c'est à Dieu de com-

mencer, & de nous preuenir de sa grace, & par
consequent qu'on ne peut pas dire, qu'il attende
nostre volonté, auant qu'il l'ait touchée & preuenuë. Neantmoins Dieu ayant cómencé nostre
salut par la grace preuenante, les Peres ne dou-
toient point qu'il n'attende nostre volonté pour
produire auec elle le libre consentement. Estant
constant que quand Dieu nous a éueillez par sa
grace preuenante & excitante, il nous laisse dans
la liberté de demeurer dans le lit du peché, ou de
nous leuer, comme tous les Catholiques l'ensei-
gnet aprés la sainte Escriture.

Mais afin de faire comprendre aux personnes
moins intelligétes, la foiblesse de cette objection,
il est à propos de remarquer deux choses: La premiere, qu'il est indubitable que quand les Semipelagiens disoient, que Dieu attend nostre volon-
Ionté, ils parloient de nostre volonté non preuenuë d'aucune grace. Cela se voit par saint Augustin, lors qu'il reprend vn Semipelagien en ces
termes: [a] *Comment est-ce que Dieu attend les volontez*
des hommes, afin de donner sa grace à ceux qui l'au-
ront preuenu, puis que nous luy rendons graces auec
juste raison, de ce qu'il a fait misericorde à ceux qui
ne croyoient point en luy? Car ces paroles monstrent euidemment, que selon les Semipelagiens,
nostre volonté doit preuenir Dieu, & que c'est
ce commencement que Dieu attend d'elle, afin
de luy donner l'assistance necessaire pour faire le
reste.

[a] Quomodo Deus expectat voluntates hominum, vt præueniant eum, quibus det gratiam, cùm gratias ei non immeritò agammus de iis, quibus non credentibus, & eius doctrinam voluntate impia persequentibus misericordiam prærogauit. *Epist.* 107. *ad Vitalem.*

La mesme verité se peut recueillir de saint
Fulgence lors qu'il dit, [a] *Comment est-ce que Dieu*
fait tout ce qu'il veut, si voulant sauuer l'homme dont
le salut commence par la bonne volonté, il ne com-
mence point luy-mesme le bon vouloir dans l'homme,
mais il attend qu'il procede de l'homme? D'où l'on
void que ce Saint n'accuse pas les Semipelagiens de croire qu'aprés que Dieu nous a preuenus & excitez par sa grace, il attend que nous
consentions, mais de soustenir que Dieu attend
que nous commencions de nous mesmes nostre
salut, auant qu'il opere rien en nous de ce qui
regarde nostre salut.

Nous pouuons tirer la mesme chose d'vne
objection des Semipelagiens rapportée par Pierre le Diacre, dont la conclusion est, [b] *que Dieu*
n'excite point la volonté de l'homme, mais qu'il at-
tend que l'homme mesme fasse ce premier effort, afin
que ceux qui veulent soient recompensez, & que
que ceux qui ne veulent pas soient chastiez. I'obmets
plusieurs autres preuues de cette verité ; parce
que ces trois que ie viens de rapporter ne sont
que trop suffisantes pour faire connoistre à tout
le monde, la mauuaise foy dont nos Aduersaires déguisent les sentimens des Semipelagiens,
pour donner quelque couleur aux erreurs qu'ils
taschent d'establir parmy le peuple, & à la Censure injuste qu'ils portent contre les opinions
communes de l'Escole.

L'autre chose qu'il faut remarquer, est, que

H iij

[a] Quomodo omnia
quæ vult faciat, si
volens hominem
saluum fieri, cuius
salus non nisi à bo-
na incipit volunta-
te, ipsum velle non
in homine Deus in-
choar, sed vt ab ho-
mine nascatur ex-
pectat? *Lib. de Incar.*
& gratia cap. 19.

[b] Restat vt non ille
excitet voluntatem
humanam, sed eam
expectet ab homi-
ne, vt æquum sit in
volentibus premiũ,
in nolentibus autem
iusta damnatio. *Lib.*
de Incar. & gratia
cap. 7.

comme il est tres-vray que Dieu n'attend point noftre volonté, auant qu'il l'ait preuenuë, il eft tres-certain auffi que Dieu nous ayant excitez par la grace preuenante, à faire quelque bonne action, il nous laiffe dans la liberté de ne la faire pas, & qu'ainfi il attend que nous donnions noftre confentement, pour nous aider à le produire par la grace cooperante, laquelle ne preuient point noftre action, mais l'accompagne feulement. Et c'eft ce qui nous eft reprefenté mille fois par la fainte Efcriture, lors qu'elle nous exhorte à faire penitence, à nous conuertir à Dieu, à garder fes Commandemens, à éviter les pechez, à pratiquer les bonnes œuures, & à faire tout ce qui appartient à noftre falut. Eftant vifible que comme ces exhortations fuppofent, que nous auons affez de grace pour nous fauuer, elles fuppofent auffi que cette grace ne nous neceffite point à bien faire, & par confequent que Dieu attend noftre libre confentement pour le produire auec nous.

Mais on connoist encore plus expreffément, combien il eft vray que Dieu nous attend, par les paroles de la fainte Efcriture, [a] qui releuent cette merueilleufe patience, dont Dieu fupporte les méchans en ce monde, attendant qu'ils faffent penitence de leurs pechez. [b] Et par tant d'autres qui monftrent le foin que Dieu a du falut des pecheurs, les reproches qu'il leur fait de n'eftre point venus vers luy, lors qu'il les a ap-

[a] An ignoras quia benignitas Dei ad pœnitentiam te addicit. *Rom.* 2.
Non tardat Dominus promiffionem fuam, ficut quidam exiftimant, fed patienter agit propter vos, nolens aliquos perire, fed omnes ad pœnitentiam reuerti. 1. *Petr.* 3.
Dedit ei Deus locum pœnitentiæ, & ille abutitur eo in fuperbiam *Iob.* 24
[b] Venite ad me omnes qui laboratis & onerati eftis, & ego reficiam vos. *Matth.* 11
Quoties volui congregare filios tuos, quemadmodu gallina congregat pullos fuos fub alas, & noluifti? *Idem* 23.

pellez ; le déplaisir qu'il témoigne de ce qu'ils refusent les biens , & les faueurs qu'il leur offre ;
& [a] la plainte qu'il leur fait de n'auoir point porté
les fruits qu'il auoit attendu d'eux. Et apres des
preuues si visibles , qui se rencontrent si souuent
dans la sainte Escriture, [b] & dans saint Augustin,
ne faut-il pas estre ennemy juré de la verité, pour
souftenir que la grace preuenante n'attend point
nostre consentement ?

C'est pourtant ce que nos Reformateurs sou-
tiennent auec vne hardiesse incroyable , pour
inferer de là dans la seconde partie de leur proposition, que ceux-là sont heretiques, qui disent
qu'il est en nostre liberté de resister à la grace
ou de luy obeïr. D'où il s'ensuit que la sainte
Escriture est remplie d'heresies, & par consequent
que le saint Esprit qui en est l'autheur , est heretique , puis qu'elle nous apprend en tant de
lieux, que Dieu attend nostre volonté apres qu'il
l'a touchée, & qu'il est en nostre liberté de rejetter la grace. Il faut aussi que selon cette admirable Theologie, tous les Peres de l'Eglise soient
heretiques, puisqu'ils defendent la mesme doctri-

a Expectaui vt faceret vuas, & fecit labruscas. *Isa.* 5.

Expandi manus meas tota die ad populum non credentem & contradicentem. *Isa.* 65.

b Misericordiæ tépus modò est , iudicii tempus post erit. Vnde est misericordiæ tempus ? vocat modò auersos, donat peccata conuersis. Patiens est super peccatores , donec conuertátur. Quandocumque conuersi fuerint , præterita obliuiscitur, futura promittit. Hortatur pigros , consolatur afflictos , docet studiosos , adiuuat dimicantes, neminem deserit laborantem & exclamantem ad se. *In Psal.* 32. (exc. 1.

Omnipotens est Deus , nec in misericordia amittit iudicium, nec in iudicio misericordiam. Miseretur enim, cósiderat imaginé suã, fragilitaté nostram, errorem nostrû, cæcitatem nostram, &

vocat ; & conuersis ad se donat peccata, non conuersis non donat. *Ibidem.*

Quid tam longanimum ? quid tam multum in misericordia? Peccatur & viuitur, accedunt peccata , augetur vita, blasphematur quotidie, & facit solem suum oriri super bonos & malos. Vocat vndique ad correctionem, vocat vndique ad pœnitentiam, vocat beneficiis creaturæ, vocat impertiendo tempus viuendi, vocat per lectorem, vocat per tractatorem, vocat per intimam cogitationem, vocat per flagellum correptionis, vocat per misericordiam consolationis, &c. Non mihi placent peccata , sed longanimitate quæro rectè facta. Si punirem peccatores, non inuenirem confessores, &c. Fratres, non tardetis conuerti ad Dominum , sunt enim qui præparent conuersionem, & differunt, & fit in illis vox coruina, cras, cras ; coruus de arca missus , non est reuersus; non quærit Deus dilationem in voce coruina , sed confessionem in gemitu columbino. *In Psal.* 101.

ne, comme plusieurs celebres personnages l'ont prouué amplement. Il faut que tous les Theologiens tant anciens que modernes soient heretiques, puis qu'on n'en voit point qui ne disent, qu'il est en nostre puissance de rejetter la grace, ou de luy obeïr. Il faut enfin que le Concile de Trente soit heretique, puis qu'il dit [a] en termes exprés que nous pouuions rejetter la grace, & qu'on ne doute point qu'il ne croye que nous pouuons l'accepter, & luy obeïr. Et c'est la confession de foy qu'on attendoit il y a long-temps de Messieurs les Iansenistes, parce qu'on sçauoit bien qu'ils parloient au plus loin de leur pensée, lors qu'ils témoignent exterieurement d'auoir de grands sentimens de respect pour ce Concile. Dieu a permis qu'ils se soient découuerts eux-mesmes, afin qu'on ne doute plus de leurs creance, apres vn témoignage si public & si exprés de la bonne opinion qu'ils ont d'vn Concile, que tous les Catholiques sont obligez de tenir pour infaillible, aux choses qui regardent la doctrine, & les mœurs. Cependant si la Sorbonne, portée par vn saint zele, se remuë pour prendre connoissance d'vn desordre si estrange, qui ne butte qu'au renuersement de toute la Religion Catholique, on elude son dessein, par des procedez honteux & infames; & au lieu que toutes les puissances deuroient s'armer pour arrester vn mal si dangereux, on souffre qu'on fasse vn meslange monstrueux de la verité,

auec

[a] Ita vt tangente Deo cor hominis, per Spiritus sancti illuminationem, ne que homo ipse nihil omnino agat, in spirationem illam recipiens, quippe qui illam & abiicere potest. *sess. 6. cap. 5.*

Si quis dixerit, liberü arbitrium hominis à Deo motum, & excitatum nihil cooperari assentiendo Deo excitanti, atque vocanti, quo ad obtinendam gratiam iustificationis se disponat, neque posse dissentire si velit, &c. anathema sit. *Can. 4.*

auec le mensonge, de la Foy auec l'heresie, de Iesus-Christ auec le Demon, & en vn mot que la
doctrine de Geneve soit publiée dans Paris.

Que si l'on oppose, que S. Augustin n'a point
reconnu d'autre grace, que celle qui nous fait
agir necessairement; vn Catholique, quelque
ignorant qu'il soit, peut & doit respondre, que
quand S. Augustin seroit dans ce sentiment, il
faudroit bien se donner de garde de le suiure en
cela, puis que le Concile de Trente, dont l'authorité est infaillible, & par consequent plus considerable que celle de S. Augustin, enseigne expressément que nous pouuons rejetter la grace:
Qu'il n'y a pas neantmoins d'apparence, que ce
saint Docteur se soit éloigné en ce poinct de la
grace & de la liberté, de l'opinion commune
de l'Eglise; a puis qu'il enseigne luy-mesme aussi
clairement que l'on sçauroit desirer, qu'il est en
nostre liberté de consentir à la grace, ou de la
rejetter. Puis qu'il asseure expressément, b que
cette grace efficace, par laquelle le Pere tire les
hommes, & les fait croire en Iesus-Christ, les
laisse dans la liberté de faire ce qu'ils veulent, c'est à dire de venir, ou de ne pas venir,
de croire, ou de ne pas croire; tout de mesme
que les loix qu'on nous impose, nous laissent
dans la puissance de faire le bien, ou le mal.
c Puis qu'il nous apprend en paroles formelles,
debemus trahi hominem ad Christum, qui delectatur veritate, delectatur beatitudine, delectatur iustitia, delectatur sempiterna vita, quod totum Christus est? Tract. 26. in Ioan.

Videte quomodo trahit pater, decendo delectat, non necessitatem imponendo. Ecce quomodo trahit. Erunt omnes docibiles Dei; trahere Dei est. Ibid.

a Visorum suasioni-
bus agit Deus vt
velimus & creda-
mus, sed consentire
vel dissentire pro-
priæ voluntatis est.
*Lib. de Spiritu &
littera cap.* 34.

Profectò ipsum
velle credere Deus
operatur in homi-
ne, & in omnibus
misericordia eius
præuenit nos; con-
sentire autem vo-
cationi Dei, vel dis-
sentire ab ea, sicut
dixi, propriæ vo-
luntatis est. *Ibid.*

* Si tibi proponam
quæstionem, quo-
modo Deus Pater
attrahat ad filium
homines quos in li-
bero dimisit arbi-
trio, fortassis eam
difficilè soluturus
es. Quomodo enim
attrahit, si dimittit
vt quis quod vo-
luerit eligat? & ta-
men vtrumque ve-
rum est, sed intelle-
ctu hoc penetrare
pauci valent. *Lib. 2.
contra Petilian.
cap.* 84.

c Porrò si Poëtæ
dicere licuit, trahit
sua quemque vo-
luptas, non neces-
sitas, sed voluptas,
non obligatio, sed
delectatio; quanto
fortiùs nos dicere
beatitudine, delecta-

que cette grace efficace & victorieuse est accom-
pagnée de douceur & de volupté, mais non pas
de necessité; [a] Puis qu'enfin il se justifie contre
ceux qui faisoient courir le bruit, qu'il admet-
toit cette grace necessitante, qu'on luy attribuë
maintenant, protestant qu'il n'y auoit iamais
songé, & qu'en quelque maniere qu'il eust parlé de cette force inuincible, dont la grace nous
fait agir, il n'auoit jamais eu dessein de luy donner la vertu de necessiter nostre volonté.

N'est-ce pas vne chose estrange, qu'aprés des
preuues si visibles & si inuincibles, on veüille
persuader au peuple, que S. Augustin admet vne
grace fatale qui nous necessite dans toutes les
bonnes actions que nous faisons ? Nous auons
fait voir cy deuant par quantité de beaux passages de ce Pere, que nostre volonté est exempte
de necessité, & qu'il faut que pour agir librement elle soit dans l'indifference de faire ou ne
faire pas. Cela seul ne seroit que trop suffisant
pour renuerser le Iansenisme, qui subsiste principalement par cette maxime que la grace nous
fait agir necessairement. Que si à toutes ces
preuues, qui ne sçauroient estre eludées par aucun artifice, on adjouste celles qui traittent plus
particulierement de la grace, & dont les vnes
monstrent expressément que cette grace nous
laisse dans l'indifference de consentir, ou ne pas
consentir, & les autres qu'elle n'est point ac-
compagnée de necessité; ne m'aduouëra-t'on

pas qu'il faut ou que nos Aduersaires soient entierement aueugles, d'attribuer à saint Augustin
vne opinion qu'il rejette luy-mesme si clairement, & en tant de lieux, ou bien qu'ils soient
extrémement malicieux, de se couurir du nom
de saint Augustin, pour cacher le dessein qu'ils
ont de broüiller l'Eglise, & d'establir des heresies
parmy le peuple.

En effet, si le lecteur prend la peine de considerer d'vne part, tout ce que nous alleguons de
saint Augustin, pour le retenir dans le party
commun de la Theologe, & que de l'autre il
examine tout ce qu'on oppose pour l'entrainer
dans le parti contraire; il reconnoistra aussi-tost
que nos preuues estant beaucoup plus expresses
& plus fortes que celles de nos Aduersaires, il
n'est pas possible que des esprits biens-faits
croyent tout de bon que saint Augustin ait eu jamais la pensée de donner à la grace efficace la
force de necessiter nostre volonté. Sur tout
estant hors d'apparence, que des personnes ju-
dicieuses prennent pour la veritable opinion
d'vn Autheur, celle qui ne se tire de ses écrits
que par des vaines consequences, plustost que
celle qui s'y trouue beaucoup de fois en paroles formelles & expresses. C'est pourquoy il faut
se mocquer des fanfaroneries des Iansenistes,
lors que pour éblouïr les ignorans, ils se vantent
d'auoir deux cens passages de S. Augustin pour
prouuer leur grace efficace; parce que tant s'en

faut qu'ils en ayent deux cens de cette sorte,
qu'ils n'en sçauroient monstrer vn seul, qui porte clairement que la grace nous necessite dans
nos actions; au lieu que nous en produisons
plusieurs qui portent expressément le contraire,
& qu'il nous seroit fort aisé d'en donner beaucoup dauantage sur le mesme sujet. Ce qui
monstre inuinciblement, deuant tous les hommes equitables, que nostre opinion doit estre
estimée beaucoup plus conforme au sentiment
de S. Augustin, que la leur: ou pour parler plus
sincerement, que nous rapportons les pensées
de S. Augustin auec vne entiere fidelité; au lieu
que ces Messieurs ne trauaillent qu'à les obscurcir, & à les combattre, sous pretexte de les
éclaircir & de les defendre. Et afin qu'il ne reste
plus aucun sujet de douter de cette verité, il
est important de considerer, que le Pere Macedo de l'Ordre de S. François a fait imprimer depuis peu quelques traittez touchant les questions
du temps, où il fauorise autant qu'il peut le Iansenisme; & que neantmoins lors qu'il vient à
parler de cette necessité d'agir qu'on attribuë à
S. Augustin, il aduouë [a] franchement que ce
Saint est fort éloigné de cette pensée, & qu'il n'a
jamais crû que la grace necessitast nostre volonté dans ses actions, ni que l'homme pechast aux
choses qui luy est impossible d'éuiter. Certes
la franchise de ce Religieux Portugais nous fait
bien voir que les Iansenistes ne songent à rien

[a] In cortina Augusti-
ni, pag. 79.

moins qu'à defendre la veritable doctrine de saint Augustin, touchant la necessité d'agir ; mais à establir vne mal-heureuse & diabolique fatalité dans les actions humaines, sous l'authorité de ce grand Docteur.

C'est dans le mesme dessein qu'ils font sonner haut depuis quelque temps le nom de Saint Thomas, pour monstrer qu'il n'est pas en nôtre pouuoir de rejetter la grace, & qu'elle nous necessite dans nos actions. Estant impossible qu'ils ignorent ce qu'on leur a opposé tant de fois, que ce Saint condamne leur opinion d'heresie, qu'il asseure tres-expressément en beaucoup d'endroits, [a] que nostre volonté n'agiroit point librement si elle estoit necessitée dans ses actions, comme nous l'auons fait voir cy-dessus; & qu'encore qu'il releue quelquefois la force de la grace, il enseigne fort souuent qu'il est en nôtre liberté de ne point agir auec elle. Il y a long-temps que plusieurs Theologiens ont monstré par vne infinité de passages du Docteur Angelique, qu'il est tres-faux que la grace nous fasse agir auec necessité, & c'est vne entreprise trop impertinente, & qui découure trop ouuertement la foiblesse de nos Aduersaires, de vouloir obliger les Lecteurs à croire le contraire, auant que d'auoir respondu à ce qu'on a proposé pour justifier ce grand Saint, contre vne calomnie si ridicule & si scandaleuse. Est-ce vn excellent moyen pour finir les questions du temps, que

---

[a] Dicendum quòd omnis forma inclinat suum subiectū secundum modum naturæ eius; modus autem naturalis intellectualis naturæ est, vt liberè feratur in ea quæ vult. Et ideo inclinatio gratiæ non imponit necessitatem, sed habens gratiam potest ea non vti, & peccare. *1. p. q. 62. art. 3. ad 2.*

Dicendum quòd quantacumque inclinatio ad bonum fuerit in supremo Angelo, tamen ei necessitatem non inducebat; vnde potuit per liberum arbitrium eam non sequi. *1. p. q. 63. art. 7. ad 3.*

Deus mouet omnia secundum modum eorum, & ideo diuina motio à quibusdam participatur cum necessitate, à natura autem rationali cum libertate, propter hoc quod virtus rationalis se habet ad opposita; & ideo sic Deus mouet mentem humanam ad bonum, quod tamen potest huic motioni resistere. *Quod lib. 1. art. 7. ad 2.*

de redire cent fois les mesmes choses, & de ne
se lasser iamais d'opposer des passages, & des
argumens qui ont esté renuersez, & aneantis en
diuerses occasions? Est-ce auoir vn pur desir de
connoistre & d'embrasser la verité, que de la
fuïr quand on l'a rencontrée, & de l'obscurcir
par mille déguisemens, afin d'en faire perdre la
connoissance aux simples, & pour auoir vn spe-
cieux pretexte de ne la suiure point, & mesme de la combattre auec passion, & auec outrage?

Si ces artifices peuuent faire quelque impression sur les ignorans, parce qu'ils ne sont pas
capables de juger des choses, ni de distinguer
les apparences de la verité ; i'estime qu'ils sont
trop grossiers pour engager vn homme sçauant
& de bon esprit dans vn mauuais parti. Aussi
voyons nous que le R. P. Nicolay personnage
de grand merite, pour les rares qualitez de vertu & de suffisance qui sont en luy, n'a pas laissé de concourir de son suffrage, auec les autres
Deputez de la Sorbonne, pour condamner d'heresie la seconde partie de la proposition que
nous examinons, quoy que les Iansenistes ayent
employé leur Rhetorique, pour l'engager dans
leur cause, sous pretexte que saint Thomas fauorise leurs sentimens En quoy ie ne puis assez ad-
mirer l'aueuglement de ces Discoureurs, car
étant certain qu'à l'imitation de leur Maistre Iansenius, ils voudroient abolir, s'il leur estoit possi-

ble, toute la Theologie Scholaſtique ; parce
qu'elle ſeule peut découurir & rendre inutiles
toutes leurs fourberies; & qu'ils eſtiment apres
luy que l'Egliſe eſt dans l'erreur touchant la grace, depuis la venuë de S. Thomas, & de S. Bonauenture & des autres Theologiens; neantmoins
parce qu'il n'eſt pas aiſé d'effacer tout d'vn coup
de l'eſprit des Catholiques, le reſpect que l'E-
gliſe a toûjours porté à S. Thomas, qui eſt ſans
contredit vne de ſes plus brillantes lumieres, ils
font valoir autant qu'ils peuuent tout ce qu'ils
trouuent dans ſes œuures, qui approche en apparence de leurs maximes, & veulent perſuader
par cette ſoupleſſe aux Religieux de ſaint Domi-
nique, qu'ils ſont obligez de ſuiure Ianſenius,
ou d'abandonner ſaint Thomas. Mais ces vene-
rables Peres ſont trop habiles & trop prudens
pour ſe laiſſer gagner par des perſuaſions ſi friuoles, ſçachant bien que le Docteur Angelique
n'eſt nullement contraire aux ſentimens communs de l'Egliſe touchant la grace, & que ce
n'eſt pas l'opinion des Thomiſtes, mais la pure
hereſie de Calvin, & de Ianſenius, de dire abſolument que la grace nous neceſſite dans nos
actions, ou qu'il n'eſt pas en noſtre puiſſance de
la rejetter.

CINQVIESME PROPOSITION.

LA cinquieme [a] proposition porte, que c'est
vn erreur des Semipelagiens de dire, que
Iesus-Christ soit mort, ou qu'il ait versé le sang
generalement pour tous les hommes. Mais si
cette proposition estoit veritable, il faudroit
que S. Paul fust tombé dans l'erreur, lors qu'il
conclud [b] *que tous les hommes sont morts,* sçauoir spi-
rituellement par le peché, *parce que Iesus-Christ
est mort pour tous :* estant visible que tous les hommes generalement sont morts par le peché, &
par consequent qu'il n'y a point d'homme pour
l'equel Iesus-Christ ne soit mort. [c] Et lors qu'il
ordonne *qu'on fasse des prieres pour tous les hommes , parce que tous ont vn mesme Dieu , & vn
mesme Mediateur qui s'est donné pour le rachapt de
tous ;* estant constant que comme l'Apostre entend par ces paroles , qu'on prie pour tous les
hommes sans exception , & que tous sans exception ont vn mesme Dieu , il croit aussi que
Iesus-Christ a donné sa vie pour tous sans exception. Et lors qu'il dit , [d] *qu'il est le Sauueur de
tous les hommes , particulierement des fideles :* car ces
paroles monstrent euidemment, que selon saint
Paul il y en a d'autres que les fideles qui ont esté
rachetez par le sang de Iesus-Christ , sçauoir
tous les infideles.

Il faudroit aussi que tous les Peres de l'Eglise
fus-

[a] V. THESIS.
Semipelagianorum
error est , dicere
Christum pro om-
nibus omnino ho-
minibus mortuum
esse, aut sanguinem
fudisse.

[b] Si vnus pro omni-
bus mortuus est, er-
go omnes mortui
sunt, & pro omni-
bus mortuus est
Christus. 2. Cor. 5.

[c] Obsecro omnium
orationes fieri pro
omnibus homini-
bus, &c. vnus enim
Deus, vnus & me-
diator Dei & homi-
num homo Christus
Iesus, qui dedit re-
demptionem seme-
tipsum pro omni-
bus. 1. Tim. 2.

[d] Qui est Saluator
omnium hominum,
maximè fidelium.
1. Timoth. 4.

fuſſent dans l'erreur, puis qu'ils enſeignent communément que Ieſus-Chriſt eſt mort pour tous
les hommes, & que tant s'en faut qu'ils exceptent
jamais perſonne de cette regle generale , qu'ils
marquent ſouuent au contraire, que Ieſus-Chriſt
eſt mort pour des reprouuez, comme pour les
Iuifs qui l'ont fait mourir, pour Iudas qui l'a
vendu, pour Iulien l'Apoſtat qui l'a perſecuté,
& pour d'autres particuliers qui n'ont pas voulu ſe ſeruir du benefice de la redemption qu'il a
offert à ſon Pere en leur faueur. Mais parce que
les Ianſeniſtes veulent ſ'imaginer que la pluſpart
des Peres anciens n'eſtoient point dans la veritable doctrine touchant la grace, & qu'ils refuſent tout autre juge dans cette matiere, que ſaint
Auguſtin; ie m'arreſteray ſeulement à faire voir,
quel eſt le ſentiment de ce ſaint Docteur, en
ce qui regarde la propoſition dont nous faiſons
l'examen.

Certes il eſt mal‑aiſé , pour ne pas dire impoſſible, d'excuſer en cette occaſion la mauuaiſe foy de nos Aduerſaires, quand on conſidere
d'vne part la peine qu'ils ſe donnent, pour prouuer par ſaint Auguſtin que Ieſus-Chriſt n'eſt
mort que pour les predeſtinez, & qu'on voit de
l'autre pluſieurs paſſages de ce Sainct, qui portent expreſſément tout le contraire. En voicy
quelques-vns dont tous les eſprits raiſonnables
doiuent demeurer perſuadez. Premierement il
prouue en diuers endroits par les paroles de ſaint

a Ex hoc enim pro-
bauit omnes mor-
tuos esse, quia pro
omnibus mortuus
est vnus. Impingo,
inculeo, infercio
recusanti. Accipe,
salubre est, nolo
moriaris: vnus pro
omnibus mortuus
est, ergo omnes
mortui sunt. Vide
quia consequens
esse voluit, vt intel-
ligantur omnes
mortui, si pro om-
nibus mortuus est.
*Lib. 6. contra Julian.
cap. 4. Idémque repe-
tit alin locu.*

Paul que i'ay rapportées, [a] *que tous les hommes
sont morts par le peché originel, puis que Iesus-Christ
est mort pour tous*, monstrant par la generalité du
remede la generalité du mal. D'où il s'ensuit euidemment, que comme le mal ne s'estend pas
seulement sur quelques hommes de chaque nation, ou de chaque condition, mais aussi sur chaque homme en particulier, le remede doit
estre offert de mesme par Iesus-Christ, non seulement pour quelques hommes de chaque nation, ou de chaque condition, mais pour tous en
particulier. Autrement si Iesus-Christ n'estoit
mort que pour quelques-vns de chaque condition; on ne prouueroit non plus par sa mort,
que tous les hommes en particulier sont morts;
qu'on ne sçauroit prouuer par exemple, que tous
les soldats d'vne armée sont malades, de ce qu'on
prepare des remedes pour quelques-vns de chaque regiment. Que si c'est vn crime, à l'égard
d'vn Catholique, d'attribuer vn si mauuais raisonnement à saint Paul, & à l'égard d'vn Ianseniste de l'attribuer à saint Augustin, quel jugement peut faire la Sorbonne d'vne proposition, qui ne nie pas seulement que Iesus-Christ
soit mort pour tous les hommes en particulier,
mais qui accuse mesme d'erreur ceux qui l'asseurent, ce qui est beaucoup plus insolent & plus insupportable?

En second lieu, que saint Augustin ne doute point, que Iesus-Christ ne soit mort mesme

pour les reprouuez, on le peut recueillir de ce que parlant de Iudas, il dit, [a] *qu'il jetta le prix de l'argent, dont il auoit vendu le Seigneur, & qu'il ne reconnut pas le prix dont le Seigneur l'auoit racheté.* Et [b] ailleurs parlant des Iuifs il asseure, *que ces peuples méprisans l'humilité de Dieu par leur superbe, crucifierent leur Sauueur, & en firent le Iuge qui les condamna.* Et expliquant en vn autre endroit ces paroles de saint Iean, Dieu n'a point enuoyé son Fils pour juger le monde, mais afin que le monde soit sauué par luy, il conclud ainsi : [c] *Donc le Medecin est venu à dessein de guerir le malade, mais celui-là se tuë qui ne veut point garder les preceptes du Medecin. Le Sauueur est venu au monde : pourquoy est-il appellé Sauueur du monde, sinon afin qu'il sauue le monde, & non pas qu'il juge le monde ? Tu ne veux pas estre sauué par luy, tu seras jugé par toy-mesme.* Il dit encore ce beau mot : [d] *Iesus-Christ est venu, mais premierement pour sauuer, & puis pour juger, condamnant à la peine ceux qui n'ont pas voulu estre sauuez, & conduisant à la vie ceux qui en croyant n'ont pas refusé le salut.* [e] Enfin ce grand Saint ne se peut lasser de témoigner le grand desir que Iesus-Christ auoit de sauuer tous les hommes, ceux

a Proiecit pretium argenti quo ab illo Dominus venditus erat, nec agnouit pretium quo ipse à Domino redemptus erat. *Conc. 2. in Psal.* 68.

b Populi autem spernentes propter superbiam suam humilitatem Dei, crucifixerunt Saluatorem suum, & fecerunt damnatorem suum. *Tract.* 4. *in Ioan.*

c Ergo quantum in Medico est, sanare venit ægrotum, ipse se interimit, qui præcepta Medici obseruare non vult. Venit Saluator in mundum, quare Saluator dictus est mundi, nisi vt saluet mundum, non vt iudicet mundum? Saluari non vis ab ipso, ex te iudicaberis. *Tract.* 12. *in Ioan.*

d Venit Christus, sed primò saluare, postea iudicare; eos iudicando in pœnâ, qui saluari noluerunt; eos perducédo ad vitam, qui credendo salutem non respuerunt. *Et postea,* Creator hominis, homo esse dignatus est, factus est quod fecerat, ne periret quem fecerat. Quid huic misericordiæ addi potest? *Et infra,* Ecce habes & iudicem, sed agnosce Saluatorem, ne sentias iudicem. *Tract.* 36. *in Ioan.*

e Quid angustius illo foramine quod vnus è militibus perentiendo latus crucifixi aperuit? & tamen per has angustias pene iam totus mundus intrauit. Venite & vos Iudæi, vocat vos quem crucifixistis Filius Dei; contendite intrare per angustam portam, per hanc enim introierunt patres vestri, &c. per angustam portam lateris Christi ingressus est latro mutatus, pœnitens Iudæus, conuersus omnis Paganus, & ab eo exiit foras malus hæreticus Arrianus. *Tract. de Tempore Barbarico cap.* 8.

mesme qui l'ont fait mourir; faisant voir tan-
tost *que son sacré costé estoit ouuert pour tous*; tan-
tost *que la soif qu'il souffroit sur la croix, estoit cette
charité ardente dont il souhaittoit leur conuersion*; tan-
tost *que ceux qui n'ont point receu les effets de la mort
de Iesus-Christ, ne doiuent s'en prendre qu'à eux-mesmes, parce que Iesus - Christ estoit venu pour les
sauuer.*

Ouurez les yeux aueugles volontaires, pour
voir vostre condamnation, & le tort que vous
faites à saint Augustin, en luy attribuant vne
doctrine qu'il condamne si ouuertement en tant
de lieux. Il veut absolument apres saint Paul,
que Iesus - Christ soit mort pour tous ceux qui
ont esté infectez du peché originel. Il veut qu'il
soit mort pour Iudas, & pour les Iuifs qui l'ont
fait mourir. Il veut que de sa part il soit venu pour
sauuer ceux mesme qui refusent d'estre sauuez,
& qui se damnent pour ne vouloir pas employer
le remede qu'il leur offre. Et puis vous publierez
dans vos libelles diffamatoires, que selon saint
Augustin, Iesus-Christ n'est point mort pour
tous les hommes, mais seulement pour les predestinez; & vous aurez assez d'impudence pour
mettre l'opinion contraire au rang des erreurs
que l'Eglise a condamnées? C'est ainsi, mal-heureux, que vous abusez le simple peuple, apres
vous estre trompez vous mesmes par vostre presomption inoüye: mais celuy qui penetre dans
vos mauuais desseins ne sçauroit estre trompé, &

il arrachera vn jour de dessus vostre front, ce masque dont vous vous seruez, pour cacher vostre malice aux yeux des hommes, si vous ne preuenez par vne serieuse penitence, cette confusion eternelle que sa juste colere prepare à vôtre temerité.

Enfin la proposition que nous examinons ne sçauroit estre accordée auec les paroles du Concile de Trente, si on les considere auec des yeux sinceres, & qui ne soient point obscurcis de quelque nuage de passion. En effet il dit en premier lieu, que tous les hommes ont perdu l'innocence par le peché d'Adam, que dés leur naissance ils sont enfans de malediction, esclaues du peché, & sujets au pouuoir du Demon & de la mort, & que ni les Gentils par les forces de la nature, ni les Iuifs en vertu de la loy Mosaïque ne sçauroient se retirer de cette seruitude. [a] *Il dit de plus que Dieu enuoya Iesus-Christ vers les hommes, afin qu'il rachetast les Iuifs qui estoient sous la loy, que les Gentils fussent aussi justifiez, & que tous receussent l'adoption des enfans.* D'où l'on voit manifestement que Iesus-Christ est venu en ce monde pour racheter par son sang tous ceux qui estoient tombez sous la puissance du peché, & de la mort par la desobeissance d'Adam. C'est pourquoy le Concile adjouste, [b] *que Dieu nous a donné son Fils, afin que par son sang il efface non seulement nos pechez, mais aussi ceux de tout le monde.* Il dit en troisiéme lieu, [c] *qu'encore que Iesus-Christ soit mort pour tous les hommes, tous neantmoins ne partici-*

& quia veluti hædum occiderunt, ab agnoredimi non meruerunt. *Conc. 1. in Ps. 58.*

[a] Quo factum est vt cœlestis Pater misericordiarum, & Deus totius consolationis, Christum Iesum filium suum, &c. ad homines miserit, vt & Iudæos qui sub lege erant redimeret, & gentes quæ non sectabantur iustitiam, iustitiam apprehenderent, atque omnes adoptionem filiorum reciperent. *Sess. 6. cap. 2.*

[b] Hunc proposuit Deus propitiationem per fidem in sanguine ipsius, pro peccatis nostris, non solùm autem pro nostris, sed etiã pro totius mundi. *Ibid.*

[c] Etsi ille pro omnibus mortuus est, non omnes tamen mortis eius beneficium recipiunt, sed ij duntaxat quibus meritum passionis eius communicatur. *cap. 3.*

pent pas au benefice de sa mort, mais ceux là seulement à qui le merite de sa Passion est communiqué.
Ce qui monstre manifestement qu'il est mort
pour ceux-là mesme qui ne reçoiuent point le
benefice de sa mort, c'est à dire pour ceux à qui
le prix de son sang n'est pas appliqué efficacement, comme disent les Theologiens, estant
mort pour eux suffisamment, en sorte qu'il n'a
point tenu à luy qu'ils n'ayent receu les effets
de sa mort par l'vsage des Sacremens, & par l'e-
xercice des bonnes œuures, qui sont les moyens
par lesquels les merites de Iesus-Christ nous sont
appliquez.

Et qu'on ne pense pas nous ébloüir en disant,
que toutes ces authoritez ne marquent autre
chose, sinon que la mort de Iesus-Christ estoit
suffisante pour tous les hommes. Car il y a bien
de la difference entre ces deux propositions,
quoy qu'elles soient fort semblables en paroles.
La premiere, que la mort de Iesus-Christ estoit
suffisante pour tous les hommes; la seconde, que
Iesus Christ est mort suffisamment pour tous les
hommes. La premiere ne veut dire antre chose,
si ce n'est que la mort de Iesus-Christ estant d'vn
prix infini, estoit de soy suffisante pour racheter
tous les hommes, si elle eust esté offerte à Dieu
pour leur redemption. La seconde ne marque
pas seulement cela, mais de plus que Iesus-Christ
est mort veritablement & sincerement pour tous
les hommes, par vne volonté generale, & qui de

foy est suffisante de les racheter tous, puis qu'il ne
tient pas à luy que le prix de son sang ne soit appliqué à tous les hommes par les moyens qui sont
destinez pour cela.

Les Iansenistes accordent la premiere de ces
propositions, & s'imaginent qu'elle suffit pour
répondre aux passages que nous rapportons pour
prouuer que Iesus-Christ est mort pour tous; ce
qui est tres-absurde, parce qu'encore que la
mort de Iesus-Christ soit d'vn prix infini, &
qu'elle soit suffisante de racheter tous les hommes, cela ne fait pas qu'on puisse dire veritablement que Iesus-Christ est mort pour tous les
hommes. Autrement estant certain que sa mort
est suffisante pour racheter tous les Diables, &
mesme cent mille mondes qui ne seront jamais,
on pourroit dire auec raison que Iesus-Christ
est mort pour les Demons & pour cent mille
mondes ; ce qui est tres-faux & contre le sentiment de l'Eglise. Puis donc que la sainte Escriture, les Peres, & les Conciles nous enseignent si
expressément & si souuent, que Iesus-Christ est
mort pour tous les hommes, qu'il a versé son sang
pour eux, qu'il est venu pour les racheter; il faut
aduoüer necessairement à moins que de renoncer
au commun sentiment de l'Eglise, que Iesus-
Christ est mort pour tous suffisamment, au sens
de la seconde proposition, & efficacement pour
les predestinez, comme on l'enseigne ordinairement dans les écoles. Et c'est en ce sens que saint

a Ipse est propitiatio pro peccatis nostris, pro aliquibus efficaciter, sed pro omnibus sufficiēter, quia pretium sanguinis eius est sufficiens ad salutem omnium; sed non habet efficaciam nisi in electis, propter impedimentum. *1. ad Tim. 2. lect. 1.*

Pro omnibus autem dupliciter potest intelligi, vel vt sit distributio accommoda, scilicet pro omnibus prædestinatis, pro istis enim tantum habet efficaciam, vel absolutè pro omnibus quantum ad sufficientiam, sufficiens enim quantum ad se omnibus est. *1. Timoth. 4.*

Qui est Saluator omnium maximè autem fidelium. *Chrysostomus.*

Pro omnibus hominibus generaliter mortuus est, quia omnibus pretium sufficit. Et si omnes non credunt, ipse tamen quod suum est impleuit. *Ad Hebr. 1. lect. 3.*

b Hæc enim ipsorū definitio, ac professio est, omnem quidē hominem, Adam peccante, peccasse, & neminem per opera sua, sed per Dei gratiam regeneratione saluari, vniuersis tamen hominibus propitiationem, quæ est in sacramento sanguinis Christi, sine exceptione esse propositam, vt quicunque ad fidem & ad baptismum accedere voluerint, (*proprijs scilicet viribus*) salui esse possunt. Qui autem credituri sunt, quive in ea fide, quæ deinceps per Dei gratiam sit iuuanda, mansuri sunt, &c. *Epist. ad August.*

Thomas dit clairement, [a] *que Iesus-Christ est mort pour quelques-vns efficacement, & pour tous suffisamment, ayant fait de soy ce qui estoit de sa charge, parce que le prix de son sang est suffisant pour le salut de tous, quoy qu'à raison de l'empeschement il n'ait point son effet que dans les esleus.* Monstrant par ces paroles, que Iesus-Christ a executé de sa part, ce qui estoit necessaire pour le salut de tous les hommes, & que si tous n'en reçoiuent point le fruit necessaire pour leur salut, il ne faut point s'en prendre à luy, mais aux empeschemens qui suruiennent du costé des causes secondes, qu'il n'est pas tenu d'arrester par miracle.

Que peut-on opposer contre vne verité si claire & si bien establie ? On oppose premierement que les Semipelagiens ont esté condamnez par S. Prosper, de ce qu'ils soustenoient que Iesus-Christ est mort pour tous les hommes. Mais où sont les passages de ce Pere qui portent cette condamnation ? Nous apprenons bien par la Lettre qu'il écriuit à S. Augustin, [b] *que selon les Semipelagiens, tous les hommes peuuent en vertu de la mort de Iesus-Christ, croire en luy, & commencer leur salut par leurs propres forces* ; mais ie demande à tout homme equitable, si l'on peut tirer de là le moindre aduantage, pour condamner ceux qui disent, que tous les hommes

ont besoin de grace pour croire en Iesus-Christ,
quoy qu'il soit mort pour tous? Ie demande
aux personnes qui se conduisent par la raison,
s'il est croyable que saint Prosper ait condamné
d'erreur vne proposition qu'il establit luy-mesme, par des paroles aussi expresses que nous en
sçaurions inuenter; puis qu'il asseure[a] *qu'il n'y
a nulle raison de douter que Iesus-Christ ne soit mort
pour les impies, & pour les pecheurs; que personne
n'est exempt du nombre de ceux pour qui il est mort,
& qu'il est mort absolument, & sans exception, pour
tous.*

On oppose en second lieu quelques paroles de
S. Augustin qui monstrent seulement que personne n'est iustifié que par Iesus-Christ: ce qui
est impertinent, puis que cela n'empesche pas que
Iesus-Christ ne soit mort pour tous, comme nous
l'auons fait voir par saint Augustin mesme. Et
le sentiment de ce saint Docteur est en cela si
euident, que le Pere Macedo mesme en demeure
d'accord:[b] soustenant qu'il faut dire selon saint
Augustin, que Iesus-Christ est mort absolument
pour tous les hommes; & que quand ce Saint
dit qu'il n'est mort que pour les predestinez, il
faut entendre, qu'il n'est mort que pour eux efficacement, puis que les reprouuez ne reçoiuent
point la gloire eternelle, qui est le fruict princi-
pal de la mort de Iesus-Christ, sans lequel tous
les autres ne seruent de rien. Et certes puis que
saint Augustin enseigne clairement, cóme nous

L

a Nulla ratio dubi-
tandi est, Iesum
Christum Dominũ
nostrum pro impiis
& peccatoribus
mortuum, à quorũ
numero si aliquis
liber inuentus est,
non est pro omni-
bus mortuus Chri-
stus: sed prorsus pro
omnibus mortuus
est Christus. *Lib. 2.
de Vocat. Gent. c. 16.*

b Verùm auctore
Augustino affir-
mandum omnino
est, Christum pro
omnibus etiam re-
probis infidelibus
mortuum esse. *In
Cortina, pag. 123.*
Quare absolutè
pronunciandum,
Christum pro om-
nibus mortuũ esse,
atque ita Augustinũ
censuisse. Neque est
cur super ea re tot
contentiones, tur-
bæque excitentur,
quarum causæ non
in Augustini do-
ctrina, sed in studiis
partium continen-
tur. *pag. 130.*

l'auons monſtré, que Ieſus-Chriſt eſt mort non
ſeulement pour les predeſtinez, mais auſſi pour
les reprouuez; il faut dire neceſſairement que
lors qu'il ſemble aſſeurer le contraire, il ne parle
que d'vne volonté abſoluë & efficace, qui n'ex-
clud point celle que nous admettons en Ieſus-
Chriſt à l'égard des reprouuez. Autrement il ſe
contrediroit luy-meſme trop ouuertement, &
par ces contradictions il perdroit deuant toutes
les perſonnes raiſonnables, la qualité d'Arbitre
& de Iuge qu'on luy donne dans les queſtions
du temps.

On oppoſe enfin vn Concile de Valence qui
condamne d'erreur ceux qui diſent, que Ieſus-
Chriſt a répandu ſon ſang pour ceux qui eſtoient
damnez auant ſa mort. Mais en premier lieu
nos Aduerſaires ſont tenus de reſpondre à ce
Concile, auſſi bien que nous, puis qu'il aſſeure
que pluſieurs, qui ont eſté rachetez par le ſang
de Ieſus-Chriſt, ſont damnez; au lieu que Ianſenius eſtime que Ieſus-Chriſt n'eſt non plus mort
pour le ſalut des reprouuez, que pour celuy des
Diables.

En ſcond lieu les paroles qu'on nous oppoſe
ne font rien contre noſtre opinion, parce que
nous ne diſons pas, que Ieſus-Chriſt ait eu vn
deſſein formel à ſa mort, de ſauuer ceux qui
eſtoient déja damnez; mais que ceux-là meſme,
lors qu'ils eſtoient en vie, euſſent pû ſe ſauuer
ſ'ils euſſent voulu, en vertu des merites futurs de

Iesus-Christ, , qui estoient toûjours presens aux yeux de Dieu, & qui operoient dans les justes depuis le peché du premier homme. D'où vient que selon le sentiment de toute l'Eglise, Iesus-Christ est appellé par saint Iean, l'Agneau qui a esté tué dés le commencement du monde, parce que les hommes estoient iustifiez dés lors par la Foy de Iesus-Christ, & en consideration de sa mort future. Et quand ce Concile adjouste, que Iesus-Christ n'est mort que pour ceux qui paruiennent à la gloire eternelle, ces paroles ne marquent autre chose, sinon qu'il n'est mort efficacement que pour ceux-là, comme on le peut juger manifestement de ce qu'il asseure vn peu apres, que la veritable redemption s'estend sur tous les baptisez, & que la cause pourquoy plusieurs ne paruiennent point à la gloire eternelle, est parce qu'ils ont méprisé la grace de la redemption.

En troisiéme lieu, encore qu'il fust vray, ce qui n'est pas, que le Concile de Valence fauorise entierement l'opinion de Iansenius, il seroit aisé de répondre que l'authorité de ce Concile, qui n'estoit que Prouincial, & composé de fort peu d'Euesques, n'est pas si considerable qu'il faille l'égaler, ie ne dis pas à la sainte Escriture, ou au Concile de Trente, dont les paroles sont infaillibles; mais aux Conciles de Mayence, de Carisy, & d'Arles, où l'opinion contraire a esté establie contre les erreurs de Gothescal. Et

L ij

a Præcesserunt aduentum Incarnationis Christi, quædam membra Christi; sicut in nascente quodam, nondum quidem procedente capite, præcessit manus, sed tamen capiti connectebatur & manus. *Augusi. in Psal. 6t.*

Nunquam homines potuerunt saluari etiam ante Christi aduentum, nisi fierent mêbra Christi, quia vt dicitur Actorum 4. non est aliud nomen datum hominibus, in quo oporteat nos saluos fieri, &c. *S. Tho. 3. p. q. 68. art. 1. ad 1. Et similia habet eadem parte q. 6. art. 3. ad 3.*

que c'eſt vne temerité fort ſcandaleuſe, de voir
que des Catholiques employent aujourd'huy les
meſmes armes, dont les Calviniſtes ſe ſeruent,
pour faire injure à Ieſus-Chriſt, offençans indignement la memoire de Rhabanus Maurus, de
Hincmar, & de quantité d'autres Prelats tres-celebres en doctrine & en pieté, que l'Egliſe a toûjours grandement reuerez; afin d'affoiblir par cette laſche calomnie, l'argument tres-fort que ces
Eueſques nous fourniſſent contre les erreurs des
Predeſtinatiens, que Ianſenius a taſché de renouueller à l'imitation des Calviniſtes ſes bons amis,
qui luy ſont ſi fort obligez pour le notable ſer-
uice qu'il a rendu à leur parti, qu'ils font des prieres publiques dans leurs preſches pour leurs freres
les ſanſeniſtes, comme pluſieurs perſonnes
d'honneur me l'ont aſſeuré.

On oppoſe enfin vn écrit de l'Egliſe de Lyon,
qui porte, que Ieſus-Chriſt n'eſt point mort pour
tous les hommes. Mais cette objection eſt auſſi
vaine que la precedente, & ſe détruit ſuffiſam-
ment par les réponſes que nous auons données
aux paroles du Concile de Valence. I'adjouſte
neantmoins trois conſiderations pour en faire
voir plus clairement la foibleſſe, & le peu d'a-
uantage que nos Aduerſaires en peuuent tirer rai-
ſonnablement. La premiere, qu'encore que l'E-
gliſe de Lyon ſemble prendre la defenſe de Gotheſcal, elle ne laiſſe pas de le blâmer grandement, & d'aduoüer que la doctrine qu'il preſ-

che est contraire aux sentimens de la pluspart des Docteurs de son temps.

La seconde, que quand elle dit, que Iesus-Christ n'est pas mort pour tous, ces paroles ne monstrent autre chose, sinon qu'il n'est mort efficacement que pour les predestinez, comme M:r Duual l'explique dans les Notes qu'il a faites sur cét écrit de l'Eglise de Lyon, dont on abuse maintenant auec tant de hardiesse, pour establir l'erreur que nous combattons; quoy que ce grand homme, qui a esté l'oracle de nostre temps, preuoyant ce danger, nous ait aduertis de la maniere dont il falloit entendre ces paroles, & celles du Concile de Valence, que nous auons rapportées cy-dessus. Monstrant en suitte que la priere que Iesus-Christ fit en croix pour ses persecuteurs, ne fut que conditionnée à l'égard de ceux qui ne se conuertirent point, & qu'on peut dire de mesme qu'elle fut absoluë pour tous, parce que tous receurent par son merite les moyens necessaires & suffisans pour se sauuer. Ce qui est conforme aussi au commun sentiment des Docteurs de Sorbone, particulierement de M le Moine, qui est trop habile homme pour auoir jamais dit le contraire, comme on luy impose faussement dans ces libelles qu'on a fait courir pour diffamer plusieurs des plus celebres Docteurs de Paris, & en doctrine, & en pieté; parce qu'ils s'opposent auec zele, comme ils y sont obligez, aux desseins pernicieux de quel-

ques broüillons que le malin esprit a suscitez
pour troubler l'Eglise, & pour ruiner la Religion
Catholique.

La troisiéme consideration est, que le R. P.
Sirmond (personnage de grand merite comme
tout le monde sçait, & des plus estimez de cette
sçauante Compagnie, dont la doctrine n'est aujourd'huy combattuë que par des erreurs & des
heresies) a donné depuis peu au public vne Lettre d'Amolon, Archeuesque de Lyon, addressée
à Gothescal, par laquelle il le reprend charita-
blement de quelques erreurs dont il auoit esté
déja condamné par vn Concile d'Euesques; particulierement de ce qu'il disoit, *que nul ne pouuoit
perir de ceux qui auoient esté rachetez par le sang de
Iesus Christ, soustenant que cette proposition est contraire à la Foy Catholique.* Il le reprend aussi, en ce qui
regarde les mœurs, d'auoir perdu toute la pudeur & la modestie Chrestienne, chargeant d'injures & de maledictions les Prestres & les Euesques qui resistoient à sa pernicieuse doctrine,
*les appellant heretiques, & leur donnant mesme par
mocquerie le nom de Rhabaniques,* à cause de cét
excellent personnage Rhabanus Maurus, Archevesque de Mayence, qui l'auoit condamné.

D'où l'on peut reueillir premierement, combien les desseins des Iansenistes sont friuoles,
lors qu'ils opposent l'écrit de l'Eglise de Lyon,
pour rendre inutile tout ce qui a esté fait en Alle-
magne, & en France contre les erreurs de Gothes-

a In primis displi-
cer nobis valde,
quod dicis & asse-
ris, neminem perire
posse Christi san-
guine redemptum.
Hoc enim dictum
dupliciter fidei Ca-
tholicæ aduersatur.
pag 12.

b Septimo loco duo
prorsus grauia mala
in tuis nobis mori-
bus plurimùm dis-
plicuerunt. Vnum,
quòd Sacerdotes
Dei, & Rectores
Ecclesiarum, tantis
iniuriis, & conui-
ciis & maledictis
laceras, tanto de-
spectu & contuma-
cia conculcas, vti-
que spiritu erroris
& superbiæ misera-
biliter deceptus, vt
omnino nihil Chri-
stianæ patientiæ,
nihil Christianæ
reuerentiæ habere
videaris. Nam inter
cætera, omnes qui
insaniæ sensuum
tuorum zelo fidei
resistunt, hæreticos
appellare non me-
tuis, eósque à bo-
no & erudito viro,
atque Catholico
Episcopo Rhaba-
nicos nuncupare
præsumis. pag. 41.

cal, & pour perſuader aux ignorans qu'il n'y a jamais eu d'heretiques nommez Predeſtinatiens, afin de ſe lauer par cét artifice du blaſme qu'on leur donne d'auoir renouuellé cette hereſie auec les Calviniſtes. En ſecond lieu, qu'il ne faut pas trouuer eſtrange, que les Sectateurs de la doctrine de Gotheſcal, & les imitateurs de ſa modeſtie, accuſent d'hereſie ceux qui condamnent leurs maximes; & qu'ils ſoient tellement aueuglez de la haute opinion qu'ils ont de leur rare ſuffiſance, qu'ils traittent les Eueſques, les Docteurs, & leurs propres Maiſtres, de petits eſcoliers, d'ignorans, de radoteurs, de chicaneurs. En troiſiéme lieu, que ceux qui defendent la doctrine de l'Egliſe contre les erreurs du temps, doiuent faire gloire d'eſtre appellez Moliniſtes, par ceux qui preferent Calvin au Concile de Trente; comme il eſt glorieux à ceux qui ont reſiſté autrefois à Gotheſcal, d'eſtre appellez Rhabaniques, parce qu'ils ont condamné les erreurs de cét Heretique, & qu'ils l'ont de plus contraint à coups de foüet de brûler ſon liure de ſa propre main. Ce qu'il ſeroit fort neceſſaire de renouueller en la perſonne de ſes ſucceſſeurs, afin de trouuer vn parfait parallele entre le Maiſtre, & les Diſciples.

SIXIESME PROPOSITION.

a VI. THESIS.
Sensit olim Eccle-
sia priuatam sa-
cramentalem pœ-
nitétiam pro pec-
catis occultis non
sufficere.

b *Homil. 2. in Psal.*
37.
c Neque mihi quis-
quam dixerit, ve-
reor, habeo con-
scientiam peccatis
oppletam, sarcinam
circumfero grauis-
simam, sufficit enim
horũ quinque die-
ram tempus si so-
brius fueris, si at-
tentus, si vigilaue-
ris, vt multitudi-
nem peccatorũ red-
das contractio-
rem, &c Ego resti-
ficor ac fideiubeo
fore vt si nostrům
quisque qui pecca-
tis obnoxij sumus,
recedens à pristinis
malis, ex animo
veréque promittat
Deo se postea nun-
quam ad illa redi-
turum, nihil aliud
Deus requirat ad
excusationem ma-
jorem. *Homil. de B.*
Philogonio.

LA sixiéme proposition porte, a que l'Eglise a jugé autrefois que la penitence sacramentale priuée n'estoit pas suffisante pour les pechez secrets. Mais cette proposition est si manifestement fausse, & a esté refutée si solidement par ceux qui ont écrit contre le liure de la frequente Communion, qu'on ne sçauroit excuser d'ignorance volontaire, pour ne pas dire de malice affectée, ceux qui la soustiennent. En effet on a monstré par Origene, b qu'il faut bien regarder, à qui on se confesse, si celuy à qui on declare ses pechez est vn Medecin prudent, & bien experimenté en la conduite des ames, & que si la maladie est telle, qu'il juge estre à propos pour le salut du penitent, & pour l'edification des autres d'en faire la guerison publiquement, on suiue son aduis auec beaucoup de precaution. Or qui ne void que ce conseil eust esté ridicule, s'il eust esté necessaire de faire penitence publique, mesme pour les pechez secrets?

On a monstré par saint Chrysostome, c que le plus grand pecheur du monde se peut disposer a la sainte Communion, *non seulement en cinq jours, mais aussi en trois, en vn, & mesme en moins d'vne heure.* Ce qui fait voir aux plus aueugles, que la penitence publique n'estoit pas imposée du temps de ce Saint, pour tous les pechez

mor-

mortels, puis qu'il falloit paſſer pluſieurs mois,
& meſme quelquefois pluſieurs années dans les
exercices de cette penitence, auant que d'eſtre
receu à la communion.

On a monſtré par ſaint Ierôme, [a] *qu'il eſt de
l'Office du Preſtre de iuger apres auoir oüy diuers pechez, quel eſt celuy qu'il faut lier, & quel celuy qui
doit eſtre delié.* Or eſt-il que lier vn pecheur, ſelon le langage des Peres, c'eſt le mettre en penitence, & le delier, c'eſt luy donner l'abſolution
de ſes pechez. Il faut donc aduoüer que du temps
de S. Ierôme, l'Egliſe ne croyoit pas qu'il fallut
mettre les hommes en penitence, c'eſt à dire les
obliger à la penitence publique pour toutes ſor-
tes de pechez mortels.

On a monſtré par S. Auguſtin, [b] que quand
le peché eſt *non ſeulement fort dommageable à celuy
qui l'a commis, mais auſſi grandement ſcandaleux à
l'égard des autres,* le penitent ne doit point refu-
ſer d'en faire publiquement penitence, ſi le Preſtre le juge à propos. [c] *Que dans l'action de la
penitence, lors que le crime eſt tel que celuy qui en
eſt coupable, eſt ſeparé du corps de Ieſus-Chriſt, il ne
faut pas tant auoir égard à la longueur du temps
qu'à la grandeur de la douleur.* [d] Et enfin que les
débauches de bouche, quoy que fort criminel-
les ſelon ſaint Paul, *n'eſtoient pas vn ſujet ſuffiſant
ſelon S. Auguſtin, pour priuer long-temps de la communion ceux qui les commettoient,* pourueu que ce deſ-
ordre ne ſe commiſt point dãs les Egliſes; &

M

a Cùm peccatorum
audierit varietatem,
ſcit qui ligandus ſit,
quive ſoluendus.
*Matth. 16. ad illud.
Et tibi dabo claues re-
gni cœlorum.*
b Vt ſi peccatum eius
non tantùm in graui
eius malo, ſed etiam
in tanto ſcandalo eſt
aliorum, atq; hoc ex-
pedire vtilitati Eccle
ſiæ videtur Antiſtiti,
in notitia multorum,
vel etiam totius ple-
bis agere pœniten-
tiam non recuſet.
*Lib. 50. Homiliarum
homil. vlt. cap. 4.*
c In actione autem
pœnitentiæ vbi tale
crimen commiſſum
eſt, vt is qui com-
miſit à Chriſti etiam
corpore ſeparetur,
non tam conſideran-
da eſt menſura tem-
poris quàm doloris.
In Enchir. cap. 65.
d Sed feramus hæc
in luxu & labe do-
meſtica, & eorum
cõuiuiorum quæ pri-
uatis parietibus con-
tinentur, accipia-
múſque cum iis cor-
pus Chriſti, cum
quibus panem edere
prohibemur, ſaltem
de ſanctorum corpo-
rum ſepulchris, ſal-
tem de locis ſacra-
mentorum, & domi-
bus orationum tan-
rum dedecus arcea-
tur. *Epiſt 64 ad Aure-
lium Epiſcopum.*

par consequent qu'on pouuoit les expier par des penitences secrettes.

[a] On a monstré par plusieurs exemples fort anciens, que des personnes qui entroient dans l'Eglise toutes chargées de crimes, en sortoient apres auoir receu les Sacremens, auec des visages lumineux qui marquoient le bon estat de leur ame. Et qui ne voit par ces histoires, & par plusieurs autres semblables, qui se rencontrent dans les Peres, que la penitence publique n'estoit pas anciennement necessaire pour tous les pechez mortels, mesme publics, & par consequent qu'il suffisoit pour obtenir l'absolution des pechez secrets, de faire vne penitence secrette? Ce qui se découure aussi visiblement de la differen-ce que les anciens mettent entre les pechez se-crets & ceux qui sont commis en public, disant que les premiers doiuent estre châtiez par vne pe-nitence secrete, & les autres par vne satisfaction publique. Et quand toutes ces preuues manque-roient, on pourroit recueillir la mesme verité du commun sentiment & de la pratique vniuersel-le de toute l'Eglise. Estant constant qu'elle tient pour vne verité tres-certaine que la penitence secrette est suffisante pour obtenir la remission des pechez secrets, & qu'on ne peut asseurer sans tomber dans l'heresie, qu'elle ait esté au-trefois dans vn sentiment contraire; puis que c'est la mesme Eglise, qui est toûjours gouuer-née par le mesme S. Esprit, & qui est toûjours in-

faillible dans la doctrine qu'elle nous enseigne.

Ie sçay bien qu'on nous oppose quelques paroles de Tertullien & de S. Ambroise pour authoriser la sixiéme proposition; mais sans m'amuser à vn long examen de ces passages, parce qu'on en a fait voir la foiblesse il y a long-temps, on peut dire en vn mot qu'il n'est pas question de sçauoir si quelque Pere particulier a dit autrefois qu'on faisoit penitence publique pour des pechez secrets, mais si c'estoit le sentiment commun de toute l'Eglise qu'on fist cette sorte de penitence, & qu'on la fist comme la iugeant necessaire pour obtenir la remission des pechez secrets. Car c'est proprement de quoy il s'agit, & ce que nos Aduersaires ne sçauroient prouuer par leur primitiue Eglise, puis que nous produisons plusieurs preuues de ce temps là qui témoignent ouuertement que les pecheurs étoient souuent admis à la participation de l'Eucharistie sans passer par la penitence publique : d'où il s'ensuit que l'Eglise se contentoit lors que les pechez secrets fussent remis par vne penitence secrete. On void de plus par les mesmes preuues, que les pecheurs publics ne passoient pas toûjours par la penitence publique, & qu'ils estoient souuent admis à la communion, auec beaucoup plus de facilité, qu'on ne les y admettroit à present; ce qui sembleroit incroyable si on n'en auoit donné des preuues tres-euidentes, qui ne souffrent point de replique.

M ij

SEPTIESME PROPOSITION.

a VII. THESIS.
Naturalis attritio
sufficit ad sacramen
tum pœnitentiæ.

IL n'est pas besoin de s'arrester sur l'examen de la derniere proposition, qui porte, ª que l'attrition naturelle suffit pour le sacrement de Penitence, estant certain que les Iansenistes, qui, pour se consoler dans leur desastre, l'ont faite joindre aux autres, se porteront auec autant de chaleur pour la censurer, qu'ils ont employé d'artifices pour empescher qu'on ne condamne les six premieres. Ie diray seulement que ie ne voy pas quel aduantage ils esperent tirer de la condamnation de cette These, puis que tous les Theologiens enseignent ordinairement, que l'attrition surnaturelle est necessaire pour receuoir l'absolution sacramentale auec fruict.

F I N.

Obsecro vt fidem, quam beati Patres nostri ab Apostolis traditam prædicarunt, non patiamini quasi dubiam retractari, & quæ olim majorum sunt auctoritate damnata, rediuiuis non sinatis Canonibus excitari. Leo I. Ep. 41.

Nihil in sacerdote tam periculosum apud Deum, tam turpe apud homines, quam quod sentiat, non libere pronuntiare. Amb. Epist. lib. 2. Ep. 17.

ATTENDANT-MIEVX,
OV
PETITE DEFENSE
des sentimens de saint
Augustin.

VOY que les Sentimens de saint Augustin que nous venons de propofer, foient capables de perfuader toutes les perfonnes equitables & defintereffées, Monfieur l'Abbé Bourzé n'a pas laiffé de leur oppofer cinq Conferances, dont voicy en abregé les meilleures pieces, qui feront examinées bien au long dans les Lettres de remerciment.

REFVTATION DE LA I. CONFERANCE.

DAns la premiere Conferance apres beaucoup de difcours inutiles, ou injurieux, il entre en matiere, m'accufant fans raifon de commencer mon Liure par trois fuppofitions tres-fauffes: & pour répondre folidement à tant d'excellens paffages, par lefquels j'ay combatu

N

la premiere proposition, & monstré clairement
que Dieu offre à tous les justes la grace actuelle
qui leur est necessaire pour garder ses Commandemens, il nous apprend que les Commandemens sont possibles aux hommes justes, au re-
gard de la grace habituelle , & non pas au re-
gard de l'actuelle. Ce qui est aussi ridicule que
si l'on soûtenoit, que les aveugles peuuent voir
absolument, parce qu'ils peuuent voir quant à
leur ame, & non pas quant à leurs yeux.

Il abuse aussi des paroles de saint Augustin,
lors qu'il dit, que le juste n'a pas toûjours la grace qui est necessaire pour accomplir la Loy de
Dieu, parce que ces paroles ne s'entendent que
de la grace prochaine & immediate , laquelle
le juste peut obtenir par le moyen de la priere,
comme saint Augustin mesme nous l'apprend
beaucoup de fois.

Il pense eluder tout ce que j'ay rapporté contre la seconde proposition, en soûtenant que les
passages qui monstrent que nous rejettons
quelquefois les graces, se doiuent entendre des
graces exterieures. Ce qui est tres-impertinent,
puis que les Peres enseignent que les graces ex-
tieures sont accompagnées des interieures, sans
lesquelles elles ne seruiroient de rien; puis qu'ils
asseurent que Dieu nous offre toûjours sa lumiere spirituelle & intelligible, à dessein de
chasser les tenebres des vices, dont nous sommes environnez ; puis qu'ils soustiennent que

nous auons au dedans de nous, tout le secours qui nous est necessaire pour estre sauuez ; puis qu'ils nous pressent continellement d'employer les graces que Dieu nous donne, & d'en faire vn bon vsage, pour garder les Commande-mens, & pour surmonter les tentations ; ce qui seroit tres-impertinent, & mesme Pelagien, s'ils ne pretendoient parler que des graces exte-rieures.

Pour ce qui est des passages, dont j'ay prou-ué contre la troisiesme proposition, que nostre liberté consiste dans l'indifference à faire, ou ne faire pas, il répond que dans l'estat où nous sommes nous auons l'indifference à faire le bien, quand nous auons la grace, & le mal quand nous ne l'auons pas. Mais cette response se dé-truit elle mesme, car si nous auons l'indiffrence à faire le bien, quand nous auons la grace, il s'ensuit de là qu'auec la grace nous pouuons faire le bien, & ne le faire pas ; & si nous auons l'indifference à faire le mal, lors que nous n'a-uons pas la grace, nous pouuons lors faire le mal, & ne le faire pas. Estant ridicule de dire qu'vn homme est indifferent à faire le bien, ou le mal, s'il le fait par necessité, comme nostre Aduersaire suppose dans sa response, par vne Theologie admirable, qui se donne l'authorité de renuerser les essences des choses, & de prendre les tenebres, pour la lumiere.

Autrement nous pourrions dire, que les

hommes ne font pas plus indifferens, ni plus
libres dans leurs actions que les beftes. Car fi
Monfieur l'Abbé met toute fa liberté en ce que
s'il à la grace, il fait le bien neceffairement, &
s'il ne l'a pas, il fait le mal neceffairement, on
peut croire fans luy faire tort, qu'vn cheual eft
auffi libre que luy, puis que fi l'on le picque de
l'éperon, il marche neceffairement, & fi l'on
luy tire la bride, il s'arrefte neceffairement. Ce
qui monftre combien tous les hommes font
obligez à ces Meffieurs, puis que fous pretexte
de releuer la grace, ils les reduifent à la condition des beftes.

Il eft vray que faint Thomas a écrit fur le
Maiftre des Sentances, que Iefus-Chrift eut agi
auec liberté encore qu'il eut efté determiné au
bien en particulier. Mais outre qu'il a retracté
cette parole dans fa Somme Theologique, où
il enfeigne ouuertement que Iefus-Chrift agif-
foit auec liberté, parce qu'il eftoit indifferent
à faire tel ou tel bien; il eft eftrange qu'vn Ianfenifte fe puiffe perfuader que Iefus-Chrift eftoit
determiné dans fes actions, puis qu'il eftoit
fans comparaifon plus faint & plus innocent
que les Anges, & que nos premiers parens, qui
felon la grande maxime de Ianfenius, eftoient
incapables d'vne grace determinante.

Si ces responses font impertinentes, & indi-
gnes d'vn mediocre Theologien, celles qui
fuiuent ne font pas plus folides. I'ay rapporté

des passages plus clairs que le jour de saint Augustin, de Prosper, de saint Fulgence, de Pierre Diacre, & du Concile d'Orange, pour monstrer la fausseté de la quatriesme proposition, en ce qu'elle asseure que les Semipelagiens admettoient la grace preuenante, mesme pour le commencement de la foy. A quoy Monsieur l'Abbé respond premierement, que l'Vniuersité de Doüay a presupposé en quelque Censure qu'elle a faite autrefois, que les Semipelagiens admettoient cette grace. Mais il ne dit pas que cette Censure a esté cassée par Sixte V. Et il ne veut pas considerer, que cette supposition pretenduë est trop foible, pour estre opposée au moindre passage dont j'ay prouué le contraire.

Il dit en second lieu que l'Vniuersité de Louvain accuse Gennadius d'estre Semipelagien, quoy qu'il reconnut vne grace preuenante, qu'il est en nostre pouuoir d'accepter, ou de rejetter. Mais cette remarque est inutile, puis que la Faculté de Louvain ne dit pas le sujet pourquoy elle estime que Gennadius estoit Semipelagien.

Il asseure de plus que Bellarmin, Posseuin & Theophile Raynaud, tous trois Iesuistes, mettent Gennadius au rang des Semipelagiens. Mais pour quelle raison l'y mettent-ils ? C'est ce que nous desirons sçauoir : & Monsieur l'Abbé est vn peu bien simple de s'imaginer que ces Autheurs condamnent Gennadius, pour vne opinion qu'ils tiennent eux-mesmes.

Il rapporte en suitte vn passage de Gennadius, par lequel il reconoist que nous pouuons acquiescer à l'inspiration diuine. Mais ce bon Abbé ne songe point à ce qu'il écrit, car estant question de condamner vne grace qui puisse estre rejettée, il allegue vne grace qu'on peut accepter. Il ne considere pas aussi qu'il accuse les Iansenistes d'estre Semipelagiens, puis qu'ils ne doutent point qu'on ne puisse acquiescer à l'inspiration diuine.

Il fait bien pis, car Gennadius n'ayant parlé que d'obeïr à l'inspiration de Dieu, il luy fait dire que nous pouuons la rejetter, & il veut que l'école de Louvain l'ait condamné pour cela. En quoy il se trompe trop grossierement: car outre que Gennadius n'a point dit que nous pouuons rejetter la grace, quand on supposeroit que l'Vniuersité de Louvain l'a condamné pour cela; on se deuroit mocquer de sa Censure, puis que le Concile de Trente nous apprend, qu'il est en nostre liberté de rejetter la grace.

Il soûtient encore que Fauste estoit Semipelagien, parce qu'il a reconnu dans l'Epistre à Lucidus, & dans ses Liures de la grace & de la liberté, vne grace qui puisse estre rejettée. Mais cette pensée est aussi puerile que les precedentes, puis que Baronius, Binius, & les Corre-

cteurs de l'Eglise Romaine approuuent l'Epistre
à Lucidus: & que d'ailleurs Adon Archevesque
de Vienne, Iean Maxence, & tous les autres
Autheurs anciens qui ont écrit contre Fauste,
ne l'ont condamné sinon de ce qu'il rejettoit la
grace preuenante, & qu'il asseuroit que c'e-
stoit assez pour croire, que d'entendre la predication.

Enfin apres tant de defaites ridicules, pour
affoiblir nostre argument il respond, que quand
les Peres disent que les Semipelagiens n'admettoient point de grace preuenante pour la foy,
ils veulent dire qu'ils n'admettoient point la
grace qui nous fait croire, c'est à dire, comme
il l'entend, la grace necessitante à laquelle seule
il croit apres Iansenius, que les bonnes actions
que nous faisons puissent estre attribuées. Mais
cette supposition est condamnée par les propres
paroles des Peres, qui asseurent cent fois que les
Semipelagiens n'admettoient aucune grace pour
le commencement du salut, & qu'ils estimoient
que l'homme peut croire en Iesus-Christ par les
seules forces de la nature. Nous auons fait voir
aussi par quantité de passages tres-formels, que
tout nostre bien doit estre attribué à la grace,
quoy qu'elle nous laisse dans l'indifference de le
faire, ou ne le faire pas.

Que si Monsieur l'Abbé pense nous opposer
encore que Pelagius a reconnu cette grace interieure, qui illumine nostre entendement, &

qui échauffe noſtre volonté, je n'ay qu'à le ren-
uoyer à l'école pour apprendre de Ianſenius,
que par ces termes Pelagius n'entendoit qu'v-
ne grace exterieure. Et quand il voudra pour
ce poinct deſadvoüer ſon Maiſtre, je le prie-
ray de me monſtrer les definitions des Papes,
& des Conciles qui ont condamné Pelagius,
pour auoir admis vne grace interieure qui puiſſe eſtre rejettée. Et quand il voudra méconn-
noiſtre vne ſi ſainte & ſi venerable authorité
dans l'Egliſe, il m'obligera de me faire voir
dans ſaint Auguſtin des paſſages bien formels,
qui mettent l'erreur de Pelagius en ce qu'il ne
vouloit point admettre vne grace neceſſitante.
Cela eſt admirable que ces Diſcoureurs font
croire aux ignorans, qu'ils ont deux cens paſſages bien exprés pour prouuer tous les poincts
de leur doctrine, & cependant ils n'en ſçauroient
monſtrer vn ſeul pour eſtablir la grace neceſſitante, qui eſt la principale piece du Ianſeniſme.
Au lieu que nous en auons allegué pluſieurs,
qui combattent ouuertement cette mal-heureu-
ſe grace.

REFVTATION DE LA II. CONFERANCE.

I'Ay monſtré contre la cinquieſme propoſition, que Ieſus-Chriſt eſt mort pour tous les
hommes ſans exception. Et Monſieur l'Abbé,
au lieu de reſpondre à tant d'excellens paſſages

que

que j'ay rapportez pour prouuer cette verité,
nous apprend qu'elle a esté condamnée dans les
Semipelagiens, de quoy il ne donne aucune
preuue.

Il nous apprend aussi qu'Estius condamne
ceux qui disent que Dieu veut sauuer tous les
hommes. Mais nous opposerons à cét Autheur
saint Thomas, saint Bonauenture, Scot, Ar-
boreus, Espenceus, Beaux-amis, Claude de
Xaintes, Messieurs Duual, Gamaches, & Isam-
bert, tous celebres Docteurs de Paris, & plusieurs
autres sçauans personnages qui soûtiennent ouuertement le contraire.

Il dit qu'Estius prouue son opinion par saint
Augustin, saint Prosper, & saint Fulgence.
Mais outre qu'il ne rapporte point les paroles de
ces Peres, je soûtiens que tout ce qu'on peut alleguer d'eux ne prouue autre chose sinon, que
Dieu n'a point vne volonté absoluë & efficace
de sauuer generalement tous les hommes, ce
qui n'empesche pas qu'ils ne reconnoissent en
luy vne volonté conditionnée de les sauuer
tous, comme je le feray voir par leurs propres
paroles.

Il adjoûte que c'est en vain que nous disons
que Dieu veut sauuer tous les hommes, s'ils le
veulent, puis qu'il dépend de Dieu de le leur
faire vouloir. Mais cette raison pretenduë peut
estre renuersée par trente passages de la sainte
Escriture, qui promet beaucoup de choses aux

O

hommes, pourueu qu'ils accomplissent de leur
part quelque condition, qui dépend necessairement de l'assistance diuine, comme quand Dieu
promet d'enter chez nous, à la charge que nous
luy ouurions la porte. Elle est contraire aussi
aux Peres, & aux Docteurs que j'ay alleguez,
qui reconnoissent en Dieu cette volonté generale de sauuer tous les hommes, à la charge qu'ils le vueillent eux-mesmes, ou qu'ils
n'y apportent point d'empeschement de leur
part.

Il nous oppose aussi l'exemple des petits enfans qui meurent sans Baptesme, de qui on ne
peut pas dire que Dieu les veut sauuer, s'ils veulent. Mais cette objection est hors de propos,
puis que nous ne parlons icy que de ceux qui
agissent par leur propre volonté. On peut dire
neantmoins que Dieu a vne volonté generale
de sauuer tous ces enfans, puis que Iesus-Christ
a institué le Baptesme pour tout le monde, sans
exception de personne, & qu'il n'empesche
point de soy que ce remede leur soit appliqué, ayant mis leur salut entre les mains d'au-
truy, comme Prosper le remarque fort excel-
lemment.

Il soûtient encore que nostre glose est contraire au but de l'Apostre, parce que si Dieu
donne des graces suffisantes à tous les hommes,
il n'est pas besoin de le prier pour leur salut,
mais il suffit d'exhorter les hommes de faire ce

qui est en eux, en se seruant du secours qui leur
est donné. A quoy je respond qu'il se trompe,
estant visible que l'Apostre met en Dieu vne
volonté de sauuer tous les hommes, pour lesquels
il veut qu'on prie; Or il est certain qu'il veut
qu'on prie pour tous les hommes sans exception,
il croit donc aussi que Dieu les veut sauuer tous
sans exception.

La priere pourtant n'est pas inutile, parce qu'il
se peut faire que par elle on obtienne les graces
suffisantes plus prochaines, & mesme les efficaces pour quelque pecheur, sans lesquelles il seroit damné. Et qui doute qu'on ne puisse, &
qu'on ne doiue aussi s'adresser aux hommes,
pour les exhorter à faire leur deuoir ? N'est-ce
pas ce que font tous les Predicateurs, & ce que
Dieu mesme fait tres-souuent, non seulement
par ses Prophetes, & ses Apostres, mais aussi
par les inspirations interieures dont il nous
preuient ? Ce qui sans doute seroit inutile
& ridicule, si l'homme n'auoit point les graces
necessaires pour faire ce qu'on demande de
luy.

Il adjoûte qu'on peut dire que Iesus-Christ
est mort pour tous les hommes, à cause de leur
commune nature. Ce qui est impertinent, parce que s'il n'a point eu dessein de mourir que
pour le salut des predestinez, il n'y auroit pas
plus de raison de dire absolument, qu'il est
mort mesme pour les reprouuez à cause qu'ils

sont hommes, comme les autres, qu'on ne peut pas dire, que le Roy a deliuré tous les Espagnols qui ont esté pris par le Turc, parce qu'ils sont hommes aussi bien que les François, pour qui on a payé rançon.

Il rapporte en suitte quelques paroles de saint Augustin, & de saint Thomas pour prouuer que Iesus-Christ ne pria sur la croix que pour les predestinez. Ce qui se doit entendre d'vne priere efficace, comme les Theologiens l'enseignent, entre autres Medina vn des celebres Disciples & Interpretes de saint Thomas. Et cette explication n'est pas volontaire, estant tres-conforme aux paroles de saint Augustin, qui reconnoit que Iesus-Christ pria mesme pour ceux qui ne se conuertirent point, comme nous le ferons voir dans les Lettres; & à celles de saint Thomas, qui portent qu'en Iesus-Christ il y a deux volontez pour le salut des hommes, dont l'vne est efficace, non pas l'autre, à cause de l'empeschement que les hommes y mettent, *ayant fait de soy ce qui estoit de sa charge.* Et quoy qu'en cela je n'aye rien fait que rapporter fidelement les propres termes du Docteur Angelique, Monsieur l'Abbé neantmoins pour se descharger à peu de frais du soin d'y respondre, ne faint pas de soûtenir auec sa hardiesse ordinaire, que je les ay falsifiez, en y adjoûtant ces mots de mon chef, *ayant fait de soy ce qui estoit de sa charge.* Ce qui seroit sans doute estonnant, si l'on ne sça-

uoit point par vne aſſez longue experience, que
les armes plus ordinaires des Ianſeniſtes ſont les
impoſtures, & les calomnies.

Il veut encore tirer quelque aduantage de
Peltanus Ieſuiſte, parce qu'il dit que Ieſus-Chriſt
eſt Redempteur de tous les hommes, ſelon la
grandeur & ſuffiſance du prix, & non de tous,
ſelon l'efficace. Ce qui eſt impertinent, puis que
cette diſtinction eſt conforme à noſtre ſentiment, & qu'elle renuerſe l'opinion des Ianſeniſtes, qui ne peuuent point dire que Ieſus-
Chriſt ſoit le Redempteur de tous les hommes,
quoy qu'ils eſtiment que le prix de ſon ſang eſtoit
ſuffiſant de les racheter tous. Autrement ils pourroient dire par meſme raiſon, qu'il eſt Redempteur de tous les Diables.

I'ay combattu la ſixieſme propoſition par
quantité de paſſages des Anciens, qui monſtrent
auec vne entiere euidence, que tous les pechez
mortels ne paſſoient point anciennement par les
rigueurs de la penitence publique. A quoy Monſieur l'Abbé n'a ſceu oppoſer que des injures ef-
froyables, qui monſtrent trop ouuertement ſa
paſſion, puis qu'il ne ſçauroit me convaincre
d'auoir falſifié ni les paroles, ni les ſentimens
des Anciens dont je me ſuis ſerui, pour comba-
tre cette maxime tres-fauſſe, qui porte que tous
les pechez mortels meſme ſecrets, eſtoient anciennement expiez par la penitence publique.

O iij

REFVTATION DE LA III. CONFERENCE.

QVoy que les Conferences precedentes contiennent la defense de toutes les propofitions que nous auons combattuës dans les fentimens de faint Auguftin, on n'y trouuera pas neantmoins de refponfe à quafi pas vn des paffages que nous auons alleguez contre ces propofitions, quoy qu'ils foient en grand nombre. Monfieur l'Abbé ayant jugé qu'il eftoit plus commode pour luy d'en abandonner vne partie, & de dreffer des autres quelques lieux communs, pour les ajufter à fa façon, & leur donner vn fens tout contraire à celuy qu'ils ont dans les endroits où je les ay employez.

Il commence donc fa troifiefme Conference par quatre de mes violences pretenduës, dont la premiere eft, que parlant d'vn Ianfenifte, je l'appelle vn monftre d'aveuglement, d'obftination, & de temerité : Mais ceux qui liront mes Lettres verront bien qu'en cela il n'y a point de violence, cette definition eftant fort naturelle.

La feconde eft que j'appelle à mon fecours les puiffances feculieres. Mais l'exemple des Saints, & des Docteurs Catholiques fait affez connoiftre que ce n'eft pas violence, d'implorer le fecours des Princes feculiers contre des Nouateurs.

La troisiesme est que j'accuse d'ignorance, ou de malice ceux qui soûtiennent la nouuelle doctrine. Mais quel autre jugement pourroit-on faire de ces gens-là auec raison ? Ie veux croire que plusieurs pechent par ignorance, mais tous ces chefs de parti qui mesprisent si ouuertement l'authorité du saint Siege, & qui écriuent d'vne maniere si sanglante contre les Euesques, & les Docteurs qui defendent la cause commune de l'Eglise, peuuent-ils estre excusez d'vne malice espouuantable & diabolique ?

La quatriéme regarde le châtiment de Gothescal. Mais Monsieur Duual me justifie contre cette accusation ; car au lieu d'excuser Gothescal, il asseure que luy & ses semblables meritent vn traittement aussi severe, qu'on en pourroit faire souffrir aux plus meschans hommes de la terre.

De mes violences il passe à mes impostures. Premierement il se plaint de ce que j'ay dit, que les Calvinistes font des prieres publiques pour leurs freres les Iansenistes. Mais je n'ay point aduancé ces paroles de moy-mesme, des personnes d'honneur m'ayant asseuré que cela estoit.

En second lieu il trouue mauuais que j'aye dit, que les Iansenistes tiennent pour heretiques, ceux qui croyent apres le Concile de Trente que nous pouuons rejetter la grace. Mais cette accusation est ridicule, puis qu'ils accusent les

Semipelagiens d'herefie, pour ce fujet-là, comme la quatriefme propofition en fait foy.

Il dit encore que je fuppofe fauffement que les Ianfeniftes fouftiennent, que la doctrine de faint Auguftin ne deuroit pas eftre condamnée, quand mefme elle fe trouueroit formellement contraire au fentiment de l'Eglife. Mais cette plainte eft fans fondement, puis que les Ianfeniftes fe vantent publiquement de vouloir foûtenir les propofitions qu'on a enuoyées à Rome, quoy que le Pape les condamne, parce qu'ils s'imaginent qu'elles font de faint Auguftin.

La quatriefme impofture regarde quelque Conference qu'il a euë auec Monfieur le Moine, foûtenant que ce fçauant Docteur luy a aduoüé que Iefus-Chrift n'auoit point merité par fa mort des graces fuffifantes à tous les hommes. Ce qui eft incroyable, puis que Monfieur le Moine a toûjours enfeigné le contraire, & que mefme des perfonnes d'honneur qui eftoient prefentes à cette Conference, ont témoigné qu'il n'auoit point parlé de la forte.

Il entre en fuitte dans la matiere de mes falfifications pretenduës, où il dit merveilles. Il m'accufe premierement d'auoir attribué à Iefus-Chrift ce que dit faint Paul, parlant de Dieu, qu'il eft le Sauueur de tous les hommes, & principalement des fidelles, comme fi Iefus-Chrift n'eftoit pas Dieu, ou que Dieu eut fauué les

hommes

hommes autrement que par Iesus-Christ.

Il m'accuse en second lieu d'auoir fait dire au Concile de Trente, que les Commandemens de Dieu ne sont pas impossibles à l'homme qui est justifié, & en estat de grace, au lieu qu'il falloit dire, & qui est constitué sous la grace actuelle. Mais outre que cette glose est volontaire, elle ne fait rien contre moy, puis que je n'auois pas dessein de monstrer que le juste peut garder les Commandemens auec la seule grace habituelle, mais que Dieu ne luy refuse point le secours necessaire pour les garder, suiuant cette belle parole du mesme Concile, *& adjuuat vt possis*, que Monsieur l'Abbé n'a pas daigné regarder, parce qu'elle est capable toute seule d'aneantir le Iansenisme.

Il m'accuse en troisiesme lieu d'auoir fait dire absolument au mesme Concile, que Dieu n'abandonne point les justes, au lieu qu'il ne le dit que conditionnellement, au cas qu'ils ne l'abandonnent point les premiers. Mais cette accusation me justifie, puis que je prouuois par le Concile que nous rejettons quelquefois les graces de Dieu. Ce qui se verifie clairement par les paroles qu'on m'accuse d'auoir obmises à dessein de tromper.

Il m'accuse encore de luy auoir fait dire, que Dieu acheuera le bien qu'il a commencé dans les justes, pourueu qu'ils ne manquent point de leur part à sa grace, sans adjoûter ces mots

qui ſuiuent, *operant le vouloir, & le parfaire*. Mais
cette accuſation eſt auſſi ridicule que les autres,
puis que ces paroles ne font rien au deſſein que
j'auois de monſtrer par les precedentes, que nous
abuſons quelquefois des graces de Dieu. Ie dis
le meſme pour ſatisfaire à la plainte qu'il fait touchant quelque mot que j'ay obmis du Concile
d'Orange.

Il m'accuſe auſſi d'auoir fait dire à ſaint Bernard tout le contraire de ce qu'il dit, lors que
je l'ay allegué pour prouuer l'indifference de
noſtre liberté. Mais quel moyen de ſouffrir vne
impoſture ſi viſible, eſtant certain que je n'ay
fait que rapporter les propres paroles de ce Saint,
qui eſtabliſſent ſi clairement l'indifference de
noſtre liberté, qu'il ſeroit impoſſible à tous les
hommes du monde d'en parler auec plus de
clarté?

Et pour appuyer vne accuſation ſi fauſſe, il
adjoûte que ſaint Bernard auoit deſſein de prouuer que la liberté de l'homme ne conſiſte point
dans vn pouuoir égal de faire le bien, ou le
mal. Ce qui eſt bien different, car encore que
ce pouuoir ne ſoit point égal en l'homme, puis
que pour faire le bien il a beſoin de grace, &
qu'il peut faire le mal de luy-meſme, comme le
Saint l'explique, cela n'empeſche pas que ſa liberté ne conſiſte dans l'indifference à faire, ou
ne faire pas.

Et à quoy ſonge Monſieur l'Abbé de nous

oppoſer quelques paroles de ſaint Bernard, qui prouuent ſeulement qu'on peut eſtre libre encore qu'on ne puiſſe point faire le mal, de quoy perſonne ne doute? Cela empeſche-t'il que la liberté ne conſiſte dans l'indifference à faire ou ne faire pas?

Il m'accuſe en ſuite d'auoir fait dire à Proſper, que perſonne n'eſt exempt du nombre de ceux pour qui Ieſus-Chriſt eſt mort. Mais il ſuffit pour découurir la fauſſeté de cette accuſation, de ſçauoir que Proſper a dit ces mots entre autres, *ſed prorſus pro omnibus mortuus eſt Chriſtus*, qui renverſent entierement l'opinion des Ianſeniſtes.

Auſſi Monſieur l'Abbé m'ayant fait vne querelle ſur ces paroles, au lieu d'y répondre, ſelon ſa methode ordinaire, ſ'amuſe à rapporter d'autres paroles de Proſper, & de ſaint Auguſtin, pour monſtrer que Ieſus-Chriſt eſt mort pour tous ceux qui ont eſté juſtifiez par luy. Ce qui eſt impertinent, puis que cela n'empeſche pas qu'il ne ſoit mort generalement pour tous, comme ils l'aſſeurent eux-meſmes en d'autres lieux.

Et parce que Monſieur Morel, celebre Docteur de Sorbonne, a prouué efficacement la meſme choſe dans les veritables ſentimens de ſaint Auguſtin, noſtre Aduerſaire ſe contente de luy dire des injures, ne ſe ſentant pas capable de reſpondre à ſon Liure.

Il tasche aussi d'eluder les passages de saint Paul, & de saint Augustin qui concluent immediatement que tous les hommes sont morts par le peché d'Adam, de ce que Iesus-Christ est mort pour tous: D'où il s'ensuit euidemment que Iesus-Christ est mort pour tous les hommes en patticulier, puis que la foy nous enseigne que tous sont morts par le peché d'Adam. Voulant reduire ce raisonnement si solide à vne explication impertinente, qui porte que Iesus-Christ est mort seulement pour des hommes de chaque nation, & de chaque condition; D'où il faudroit conclure qu'il n'y a que quelques hommes de chaque nation, & de chaque condition qui soient morts par le peché d'Adam, ce qui est vne heresie.

Il m'accuse encore d'auoir fait dire à saint Augustin, que Dieu n'est point injuste de n'auoir point voulu sauuer les Tyriens, parce qu'ils pouuoient faire leur salut s'ils vouloient, *si vellent*, au lieu qu'il faut dire, s'il vouloit, *si vellet*. Mais je supplie les Lecteurs de consulter eux-mesmes saint Augustin, & ils y trouueront les paroles que j'ay rapportées: sinon qu'on ait falsifié son propre texte dans quelque nouuelle edition, dequoy je ne répond pas. Et quoy que saint Augustin dit ailleurs, que Dieu a refusé aux Tyriens les moyés de se sauuer, cela se doit entendre des moyens efficaces, comme on le peut recueillir de l'Euangile & des paroles mesme de ce Saint.

Il m'accuſe de plus de faire dire à ſaint Auguſtin, que les Iuifs auoient aſſez de lumiere &
de grace pour croire en Ieſus-Chriſt, ſoûtenant
qu'il ne parle que d'vne lumiere exterieure.
Mais que peut-on dire de plus impertinent, puis
que les Iuifs pouuoient croire par cette lumiere,
puis qu'elle faiſoit violence à leurs cœurs, afin
de leur faire embraſſer la Foy de Ieſus-Chriſt,
puis qu'elle les eut penetrez & viuifiez, s'ils n'y
euſſent point reſiſté, comme nous le prouuerons par les propres paroles de ſaint Auguſtin?
Noſtre Cenſeur va encore plus auant, car il veut
que nous entendions des lumieres exterieures &
materielles, ce que ſaint Auguſtin dit expreſſe-
ment des intelligibles & ſpirituelles, qui ſont
toûjours offertes aux hommes de la part de
Dieu.

Il croit meſme que c'eſt vne grande abſurdi-
té de dire que l'Antechriſt aura des graces ſuffiſantes pour garder la Loy de Dieu, quoy que les
Theologiens aſſeurent le contreire, & qu'il ne
puiſſe point nier qu'il aura vn Ange Gardien,
par lequel il ſera excité au bien. Ce qui ſeroit
inutile s'il n'auoit le ſecours interieur pour le
faire. Et quoy qu'on accordaſt que ce mal-heureux, & quelques autres endiablez n'auront
point de grace ſuffiſante, pourroit-on nier auec
quelque apparence que les plus gens de bien
meſme manquent de cette ſorte de grace? De ce
que Dieu peut-eſtre ne donne point de graces

suffisantes à tous les hommes, faut-il conclure
qu'il n'en donne point à personne?

Combien de falsifications m'accuse-t'il d'a-
uoir fait des paroles de saint Thomas? Il remarque que je luy ay fait dire, que nous auons
des graces suffisantes pour ne point pecher, au
lieu qu'il ne parle que d'vn secours singulier.
Mais ce bon Abbé s'imagine-t'il que le secours
que Dieu donne à vn homme pour éuiter tous
les pechez, ne consiste qu'en vne grace singu-
liere? Voudra-t'il pas nous persuader que quand
on dit, que le Roy a enuoyé vn secours suffisant
dans quelque place, pour soûtenir le siege, il
faut entendre qu'il n'y a enuoyé qu'vn soldat, ou
vn pistolet?

Il dit aussi qu'au lieu que saint Thomas parle
de la grace habituelle des Anges, je veux persuader qu'il parle de l'actuelle. Mais il se trompe,
ou il veut tromper, puis qu'on voit par mon
discours, que i'ay voulu prouuer seulement que
la necessité d'agir ne s'accorde point auec la liberté, par ce principe general & ordinaire de
saint Thomas, qui porte, que chaque forme
incline son sujet selon l'inclination de sa nature.

Il dit de plus que je prens l'inclination naturelle, qui incline l'aage au bien, pour la grace actuelle qui le meut au bien. Mais il se trompe encore, puis que j'ay cité ce passage aussi
bien que le precedent, pour monstrer que la

necessité ruine la liberté, de quelque part qu'elle vienne. Et pour confirmer cette verité, j'en ay adjoûté vn troisiesme, qui porte expressement que nous pouuons rejetter la grace. Ce qui monstre aux plus aveugles & ma sincerité, & la mauvaise foy de nostre Censeur, qui n'ayant peu ignorer mon dessein, ni le combattre auec quelque apparence de raison, s'est advisé de jetter mes preuues à l'écart pour faire croire que je les auois falsifiées, & de laisser la plus forte par les chemins. Cependant c'est vn homme de grande Oraison, & d'vne probité Apostolique qui fait perpetuellement de ces tours de Maistre.

Et pour ne point se dementir luy-mesme, il finit sa troisiesme Conference par vne autre accusation qui surpasse toutes les impostures imaginables. Car ayant trouué dans les sentimens de saint Augustin deux excellens passages pour la grace suffisante, dont l'vn est tiré mot pour mot du Concile de Cologne, & l'autre du Concile de Sens, il soûtient auec vne effronterie prodigieuse, que j'ay forgé moy-mesme le premier passage, & qu'il n'y a eu jamais de Concile de Cologne qui ait parlé de la sorte. Et apres auoir fait vn si beau coup, il saute habilement par dessus l'autre passage, sans le toucher, se servant de son privilege accoûtumé, qui est de passer sans rien dire les preuues les plus fortes, & de faire vne querelle sur les autres. Et le plaisir est en cela, qu'il ne fait jamais plus de

bruit, & ne décharge jamais plus d'injures, que
lors qu'il employe tous ses soins à me rendre plus
criminel : afin que les personnes simples qui lisent son ouvrage si plein de feu ne doutent
point que je ne sois bien méchant, puis qu'vn
si saint homme me charbonne de la sorte.

REFVTATION DE LA IV. CONFERENCE.

IL continuë encore mes falsifications pretenduës, auec autant de bonne foy qu'il les a
commancées. Sur ce que j'auois prouué qu'il y
a des graces qui ont leur effet, & d'autres qui ne
l'ont pas, par l'exemple que saint Augustin donne de ceux qui furent conviez au festin, dont
les vns s'y trouuerent, & les autres refuserent
d'y aller, il m'aduertit que ces paroles ont esté
écrites par saint Augustin, lors qu'il estoit Semipelagien, & qu'elles ne se doiuent entendre
que d'vne grace exterieure, à l'égard de ceux
qui ne croyent point. Mais ce noble Censeur
eut mieux fait de dire, que saint Augustin estoit
lors pire mesme qu'vn Pelagien, puis qu'il esti-
moit que l'homme peut croire en Iesus-Christ
auec des graces purement exterieures, & que les
Iansenistes soûtiennent, que les Pelagiens ont
admis toutes les graces interieures que nous admettons.

Il m'accuse aussi de fausseté pour auoir rapporté ce que dit saint Augustin, que nous
sommes

ſommes coupables de ce que nous mépriſons celuy qui nous veut guerir, ſoûtenant que ſaint Auguſtin eſtoit dans l'erreur des Semipelagiens lors qu'il écriuit ces paroles, ne ſçachant pas que nous euſſions beſoin d'vne grace ſpeciale pour croire, & pour prier. Mais cette accuſation eſt impertinente, puis qu'on ne trouuera point dans les Anciens, que ce ſoit vne erreur des Semipelagiens de dire, qu'on peut rejetter la grace.

Il me blàme encore d'auoir rapporté ce que ſaint Auguſtin prouue par le conſentement general de tout le monde, qu'vn homme ne peche point en ne faiſant pas ce qu'il ne peut faire, parce que ce Saint témoigne ailleurs qu'afin que nous ſoyons coupables d'vn peché, il ſuffit qu'il vienne de celuy de noſtre premier Pere. Mais cette accuſation eſt trop malicieuſe, puis que ſaint Auguſtin ne parle lors que du peché originel, qui eſt imputé aux enfans parce qu'il deſcend de celuy d'Adam.

Il m'accuſe auſſi d'auoir employé le paſſage de ſaint Auguſtin, qui porte, qu'Eſaü rejetta la grace auec laquelle il ſe fut ſauué s'il eut voulu, diſant que ce Saint argumentoit lors ſelon l'vn des principes des Pelagiens. Mais ſurquoy eſt fondée cette reſverie ? N'eſt-ce pas vn endurciſſement prodigieux de ce venerable Abbé, qui n'a point de honte de faire paſſer ſaint Auguſtin pour vn Pelagien, depuis meſme qu'il fut Eueſque ? Et qui s'eſtonnera apres cela que nous

Q

soyons décriez comme Pelagiens par les Iansenistes: puis que quand nous les pressons par des
passages formels de saint Augustin, qu'il a con-
firmez cent fois dans toutes ses œuures, ils ne
font point scrupule de dire qu'il parloit lors en
Pelagien? Et parce que nous auons tant de respect pour ce Saint, que nous ne voulons pas
souffrir qu'on luy fasse cét outrage, contre toute sorte de raison & de justice, que nous tas-
chons au contraire d'ajuster ses maximes auec les
veritables sentimens de l'Eglise, en voila assez
pour faire publier par tout que nous sommes
les ennemis jurez & declarez de saint Augustin.
Vne injustice si evidente est elle supportable, &
se trouue-t'il encore du monde assez simple,
pour se persuader que ceux-là sont les veritables
Disciples de saint Augustin, qui le decrient à
tout bout de champ comme vn heretique?

En suite de tant d'accusations frivoles & impertinentes, Monsieur l'Abbé respond en gros
à ce que j'ay prouué amplement par saint Augustin, que Dieu nous assiste dans les tentations, pourueu que nostre cœur ne s'éloigne
point de luy, & que nous ne l'abandonnions
point le premier, disant que tout cela ne fait
rien contre luy, puis que cette condition ne
s'accomplit que par vne grace speciale que Dieu
donne à qui il luy plaist. Mais cette response
n'a esté inventée que pour faire dire à saint
Augustin tout le contraire de ce qu'il dit, puis

qu'au lieu des asseurances qu'il nous donne deux
cens fois que la grace ne nous manquera point
de la part de Dieu, son fidelle Interprete luy
fait dire que Dieu depart sa grace aux vns,
non pas aux autres, comme bon luy semble.

Et quand je monstre par saint Augustin que
Dieu ne nous commanderoit point quelque
chose s'il jugeoit qu'il nous fut impossible de
l'accomplir, il oppose ridiculement l'argument
de Pelagius, qui prouuoit que nous n'auons
point besoin de grace, pour faire les Commandemens, puis que Dieu ne nous commande rien
d'impossible. Au lieu que de la possibilité des
Commandemens nous concluons seulement
auec tous les Catholiques, que Dieu ne nous
refuse point le secours qui est absolument necessaire pour les accomplir.

Il adjoûte que nous deuons parler aux fidelles, comme en nous confiant qu'ils sont du
nombre des éleus. Mais que veut il conclure
de là? Puis que le mystere de la predestination
nous est entierement caché, saint Augustin a
raison de ne donner asseurance à personne, qu'il
est du nombre des predestinez. Mais ce n'est pas
de la sorte qu'il parle du secours divin, dont les
hommes sont fortifiez dans les tentations; il
dit au contraire vne infinité de fois que cette
assistance ne nous manque jamais dans le besoin, & qu'il ne tient qu'à nous d'en faire no-

stre profit. Et il nous donne tant d'asseurances
de cette verité, qu'il est impossible d'en douter
apres l'auoir leu auec attention. Et c'est à quoy
Monsieur l'Abbé deuoit respondre, au lieu de
nous apprendre en quelle maniere il faut prescher
la predestination au peuple.

Il veut neantmoins nous persuader que sa doctrine est fort propre à glorifier Dieu, parce que
selon saint Augustin, elle le fait cruel & injuste. Et à establir l'humilité, parce qu'elle ruine
la liberté de l'homme, & le r'auale jusqu'à la
condition des bestes. Et à nourrir l'esperance
qu'on doit auoir en Dieu, parce qu'encore
qu'il promette beaucoup, il donne fort peu, selon la creance des Iansenistes. N'est-ce pas vne
folie bien visible de s'imaginer qu'vne doctrine
qui ne donne des graces necessaires pour le salut qu'aux seuls predestinez, dont le nombre
est si petit à l'esgard des reprouuez, est de grande consolation pour tous les hommes? Tant
s'en faut que saint Augustin soit dans ce sentiment, qu'il soûtient au contraire que cette doctrine porte les ames dans le desespoir, & que le
malin esprit en est l'Autheur.

Et comme il releue mal à propos son opinion, il mesprise aussi contre toute raison la
grace suffisante que nous defendons, soûtenant
ridiculement que c'est vne grace non congruë,
& qu'elle n'est point propre à nous faire surmonter la tentation. Ce qui est tres-faux, puis

qu'il ne tient qu'à l'homme de se seruir de cette
grace, & d'en faire vn bon vsage. Et c'est vne
malice trop insupportable, de rejetter sur la grace, qui de soy nous porte au bien, & nous donne des forces de le faire, vn defaut qui ne doit
estre attribué qu'à nostre volonté. Comme ce
seroit vne impertinence d'attribuer à vne viande
qui est en soy bonne & nourrissante, la mort de
celuy qui n'en voudroit point vser.

Nostre Censeur apres tant de destours reuient
à mes falsifications pretenduës, & me blasme
d'auoir rapporté ce que dit saint Augustin, qu'il
est en nostre pouuoir de faire vn bon, ou vn
mauuais arbre, & inferé de ces paroles, que la
grace pour faire le bon arbre ne nous manque
point. Mais cette accusation est doublement malicieuse, car en premier lieu je n'ay allegué ces paroles de saint Augustin que pour prouuer l'indifference de nostre liberté. En second lieu à moins
que de vouloir à toute force que saint Augustin
soit Pelagien, on ne sçauroit trouuer mauuais
que j'aye attribué à la grace, le pouuoir qu'il
donne à l'homme de faire le bon arbre.

Il attaque en suite vn excellent passage de saint
Augustin, qui monstre inuinciblement que la
grace efficace ne necessite nullement nostre volonté, puis qu'elle nous laisse dans la liberté de
faire ce qu'il nous plaist, tout de mesme que les
loix humaines nous laissent entierement dans
l'indifference de faire ce que nous voulons. Et

ce bon personnage est si ridicule, que de vouloir accorder ces paroles auec vne grace qui necessite nostre volonté à chaque action particuliere.

Il s'en oppose vn autre qui porte, qu'il est en
nostre liberté de consentir, ou ne pas consentir à la grace, & pour s'en defaire il remarque
que saint Augustin adjoûte incontinent apres,
que nous ne sçauons pas pourquoy l'vn est per-
suadé, non pas l'autre, ce qui est hors de propos; puis que nous accordons l'vn & l'autre. Il
remarque aussi que ce Saint dit ailleurs, qu'il
dépend de nostre volonté de croire, ou ne croire pas, mais que la volonté est preparée dans
les éleus; ce qui est encore plus extrauagant,
puis que ce passage accorde l'indifference de nostre volonté auec la grace preuenante, comme
nous pretendons.

De saint Augustin il retourne à saint Thomas, lors qu'il dit, que si le cœur humain ne
s'éleve point en haut, ce defaut n'est point du
costé de celuy qui tire, qui autant qu'il est en
luy ne manque à personne, mais à cause de l'empeschement de celuy qui n'est pas tiré; & il répond que sans doute Dieu ne tire point celuy
qui n'est pas tiré. Ce qui n'est autre chose que
donner le dementi à saint Thomas, qui joint
expressément ces deux choses ensemble, que
Dieu tire l'homme autant qu'il est en luy, par
des graces suffisantes, & que l'homme ne suit

point ce mouuement, & par consequent qu'il
n'est point tiré auec efficace.

Il s'objecte aussi le passage de saint Thomas
qui condamne d'heresie l'opinion qui porte,
que la volonté de l'homme est meuë necessairement à vouloir quelque chose, quoy qu'elle n'y
soit pas contrainte; & il respond que saint Thomas parle seulement de la necessité, qui ne dépend pas de la deliberation de la raison, & non
pas de celle qui la suit, laquelle s'accorde fort
bien auec la liberté. Mais cette defaite est tres-
inepte, puis que tout le discours de saint Thomas ne butte qu'à monstrer, que toute con-
sultation ou deliberation seroit superfluë, si la
volonté estoit necessitée dans ses actions. Et
tant s'en faut que i'aye obmis cette raison par
malice, comme cét imposteur le veut persuader, que tous ceux qui ont vn grain de bon sens
voyent bien qu'elle confirme tout ce que j'ay
rapporté de saint Thomas, & par consequent
que je ne l'ay obmise que par contrainte, ne
pouuant pas ranger tout le passage de saint
Thomas à la marge, comme on le peut juger à
l'œil.

Il rapporte de plus ce que dit saint Thomas,
que le merite consiste dans l'indifference de pouuoir agir ou ne pas agir, & il répond qu'on
ruine la liberté quand on oste l'indifference à la
volonté en l'affoiblissant, non pas quand on
la luy oste en la fortifiant, & en aydant la fa-

çon d'agir qui luy est naturelle. Mais qui a jamais oüy parler d'vne distinction si badine?
Peut-on fortifier la volonté en luy ostant son indifference naturelle? & peut-on luy oster cette
indifference sans ruiner sa liberté? Monsieur
l'Abbé auroit autant de raison de dire, qu'on oste
la vie à vn homme quand on le fait mourir en
l'affoiblissant par des diettes, & des jeusnes,
mais qu'on ne la luy oste pas, quand on le fait
mourir en le fortifiant par trop de viandes. O
que la Theologie est obligée à ce subtil donneur
de distinctions!

La response qu'il donne à vn passage de Prosper n'est pas moins ridicule; car au lieu que cét
Autheur dit expressément, que l'on merite en faisant le bien qu'on peut ne faire pas, il pretend
luy faire dire tout au contraire, que nous meritons en faisant le bien qu'il nous est impossible
de ne pas faire. Et tant s'en faut que les paroles qu'il rapporte de saint Thomas fortifient
cette response, qu'elles la condamnent ouuertement puis qu'il donne la loüange à nos
actions, entant qu'elles se font sans necessité.
D'où il s'ensuit que les Martyrs n'ont merité
en souffrant la mort pour la foy, sinon entant qu'ils pouuoient ne pas mourir pour ce
sujet.

Il est certain aussi qu'au lieu que ce fidelle Interprete change la necessité en contrainte, toutes
les fois qu'il trouue dans quelque Autheur que

la

la necessité destruit la liberté, il faut prendre
au contraire la contrainte pour vne simple necessité; estant constant que les Anciens ne bannis-
sent la contrainte de nostre volonté, que pour
y establir l'indifference à faire, ou ne faire pas,
comme nous le prouuerons par leurs propres paroles.

Et pour conclure la quatriesme Conference,
il pervertit honteusement vn passage de saint
Bernard, qui porte, que la raison destruiroit la
liberté, si elle luy imposoit aucune necessité,
qui l'empeschast de se porter indifferemment au
bien ou au mal; s'imaginant qu'encore que la
volonté soit necessitée, elle agit librement,
pourveu qu'elle ne soit pas contrainte, ce qui
repugne entierement aux paroles de ce Saint.

REFVTATION DE LA V. CONFERENCE.

APres tant de doctes & de subtiles responses que Monsieur l'Abbé nous a fournies,
il veut faire voir que nos sentimens ne sont
point differens de ceux des Semipelagiens, puis
que j'employe leurs mesmes objections, qui
estoient que la doctrine de saint Augustin rüi-
ne les exhortations, & les vertus, qu'elle porte
les ames dans le desespoir, qu'elle nous assujet-
tit au destin, & qu'elle fait Dieu injuste. Mais
cette accusation comme la plus part des autres,
ne peut proceder que ou d'vne grande ignorance,

ou d'vne grande malice. Car estant certain
qu'vne doctrine qui produit tous ces effets, que
nous venons de marquer, est condamnée par
tous les Peres, c'est vne extrauagance trop visible de condamner d'erreur ceux qui ne la veulent point receuoir. Il faut donc que Monsieur
l'Abbé nous monstre que sa doctrine n'appor-
te point ces dommages, & qu'ainsi nous n'a-
uons point raison de nous y opposer, ce qu'il
ne fera jamais, quoy qu'il soit fort habile, &
fort subtil.

Et il ne sert de rien d'alleguer l'exemple des
Semipelagiens, parce que leurs plaintes estoient
ouuertement injustes, n'estant fondées que sur
la veritable doctrine de saint Augustin, & de
toute l'Eglise, qui admet la necessité d'vne grace prevenante pour le commancement du salut,
comme on le peut recueillir des paroles mesmes
de Prosper, & d'Hilaire que nostre Censeur
nous oppose. Au lieu que nous auons sujet de
crier contre le Iansenisme, parce qu'il refuse contre le sentiment vniuersel de l'Eglise, la grace
suffisante pour garder les Commaademens &
pour faire son salut, à tous ceux qui ne sont
point predestinez. Ce qui sans doute cause directement tous ces mal-heureux effets dont nous
auons parlé.

Ainsi c'est vne impertinence de faire de longs
discours pour monstrer, que les exhortations
ne sont pas incompatibles auec la predication

de la grace, estant visible que ce n'est pas prescher la grace, que de la destruire, & de soustenir qu'à peine se trouuera-t'il vn homme entre
deux mille, qui ait la grace necessaire pour se
sauuer. Ce qui sans doute est incompatible auec
les exhortations, & les commandemens qui
s'adressent generalement à tous les hommes.

C'est aussi vne extrauagance de dire qu'il faut
prescher tous les hommes, afin que ceux qui feront les choses qu'on leur presche, ne s'en or-
gueillissent point quand ils les auront faites.
Car que fait cela, pour les opinions nouuelles
de Monsieur l'Abbé, ou contre les anciennes
que nous defendons?

Et à quel propos dit il que la doctrine de la
predestination ne donne point aux hommes aucun sujet de desespoir? C'est ce que nous aduoüons fort volontiers, pourueu qu'on parle
de la predestination en la maniere qu'on l'enseigne dans les escoles. Mais si l'on parle d'vne
predestination Iansenistique, qui ne laisse
qu'aux seuls predestinez le pouuoir de se sauuer, je soûtiens qu'elle est fort propre à porter
les hommes dans le desespoir, selon le sentiment
mesme de saint Augustin.

Il aduance aussi peu de dire que les Pelagiens
objectoient aux Catholiques la destinée, puis
que j'ay monstré il y a long-temps dans la defense de saint Augustin, que les Pelagiens fon-
doient leur plainte sur la necessité de la grace

preuenante, au lieu que nous la fondons ſur vne grace neceſſitante.

Ni de dire que les Pelagiens ſouſtenoient que Dieu ſeroit injuſte s'il damnoit les hommes, pour n'auoir pas fait ce qu'ils n'ont peu faire ; puis qu'ils parloient des hommes qui n'ont peu faire les commandemens, par les ſeules forces de la nature. Au lieu que nous parlons auec ſaint Auguſtin, de ceux qui n'ont point eu les graces neceſſaires pour les accomplir.

Ni de dire que l'argument tiré des exhortations ſe peut auſſi bien faire contre nous ; parce que l'homme ayant vne grace ſuffiſante pour faire le bien, qu'il ne fait pas, il ne tient qu'à luy de le faire s'il veut, & partant il n'a nulle excuſe s'il ne le fait point. Au lieu que dans l'opinion de noſtre Adverſaire, cette excuſe eſt tres-juſte, puis qu'il oſte la grace ſuffiſante à tous ceux qui ne gardent point effectivement la Loy de Dieu. Et à quoy ſonge cét eſprit ſi éclairé dans les matieres de la grace, de dire que ceux qui ne gardent point la chaſteté ſont coupables, parce que la chaſteté n'eſt pas impoſſible, par la grace qui nous rend continens ? Peut-on rien imaginer de plus impertinent ? Car c'eſt comme s'il diſoit, qu'on peut reprocher à vn aueugle de ne pas voir, parce qu'il n'eſt pas impoſſible de voir, auec des yeux qui font voir.

Ni enfin de dire, que Pelagius oppoſoit à

ſaint Auguſtin la bonté de Dieu qui attend les
pecheurs à penitence , puis que cét heretique
abuſoit de cette attente, pour ſoûtenir que nous
pouuons de nous meſme faire penitence ; au lieu
que nous l'employons auec l'Eſcriture ſainte, &
auec tous les Peres , pour faire eſperer au pecheur
de la part de cette bonté infinie , le ſecours neceſſaire pour faire penitence. Autremént ce ſeroit vne folie de tant exaggerer cette admirable patience que Dieu témoigne à l'endroit des
pecheurs.

Noſtre Cenſeur apres auoir tendu long-temps
ſon eſprit, dans des ſpeculations ſi releuées, & ſi
admirables, ſe veut debander vn peu , & prendre du divertiſſement auec ſon Compere, ſur
quelques inepties qu'il a rencontrées dans mon
Liure. Mais cét abregé ne me permettant pas
de m'arreſter ſur vn ſujet ſi badin , il eſt beſoin
de me juſtifier de deux horribles impietez dont
il m'accuſe. La premiere conſiſte en ce que j'ay
dit, que lors que ſaint Auguſtin aſſeure qu'il eſt
impoſſible de faire quelque commandement , il
prend l'impoſſibilité pour vne grande difficulté.
Mais cette accuſation eſt fort peu judicieuſe,
puis qu'ayant prouué amplement que nous auons
la grace qui nous rend les Commandemens poſſibles; de là ſ'enſuit evidemment, que quand
on dit qu'ils nous ſont impoſſibles, il faut prendre cette impoſſibilité pour vne grande difficulté. Ou bien s'il eſt queſtion d'vne abſoluë im-

poſſibilité, cela regarde les hommes dans leurs
ſeules forces naturelles, & comme deſtituez de
toute grace. Ce qui ne fait rien contre nous,
mais ſeulement contre Pelagius, qui mettoit
dans la nature aſſez de forces pour garder tous
les Commandemens de Dieu, & pour faire ſon
ſalut.

Il trouue la ſeconde impieté, en ce que j'ay
écrit parlant des petits enfans qui meurent ſans
Bapteſme, que Dieu n'eſt pas tenu de changer
le cours ordinaire des cauſes naturelles, ou de
faire des miracles afin qu'ils ſoient baptiſez.
Mais je luy feray voir dans mes lettres, que cette impieté pretenduë n'eſt que dans ſon imagi-
nation, & qu'il faudroit que Monſieur Gamaches eut eſté vn impie, puis qu'il employe les
meſmes paroles.

Voila vn petit examen de tout ce qu'il y a
de plus rare dans les Conferences de Monſieur
l'Abbé Bourzé. Que les perſonnes ſages jugent
de cét eſchantillon, ſi ce ſaint perſonnage a eu
ſujet d'échauffer ſi fort contre moy ce zele qui
le devore, qu'apres m'auoir noirci, d'vne infinité d'injures les plus infames qu'on ſçauroit
deſcharger contre vn Eſcrivain Catholique, il
a voulu meſme luy brûler mon Liure de ſa propre main, quittant l'office d'Abbé, c'eſt a dire
de Pere, pour faire celuy de bourreau.

Depuis cét exploit ſi honorable, il a repliqué
deux mots au paquet que ie luy ay adreſſé il y a

vn an, ce qui ne sera pas sans repartie : non plus que l'injure qui a esté faite dans l'Apologie des Peres au B. Evesque de Genéve, personnage de si haute pieté, & d'vn sçavoir si sublime, que tous les Catholiques sont tenus de prendre ses interests contre ces plumes médisantes, qui veulent fonder vne nouuelle secte sur les ruines de tout ce qu'il y a de plus saint, & de plus eminent dans l'Eglise.

FIN.

FAVTES DE L'IMPRESSION SVRVENVES
dans les Sentimens de saint Augustin.

PAge 5. lisez *meschans* hommes
Page 7 à la marge, lisez *volentibus*, là mesme, *præsentes*. Et plus bas, *Arausic.*
Page 14 au lieu de 92. A la marge de cette page lisez quia *corrigi*. Et plus bas, *quia* non poterant. Et encore plus bas, *qui* ergo, & dans la mesme ligne, *qua* iustificatur. page 15, lisez vne *inuiolable.*
Page 18. lisez *la* nature
Page 27 au bas de la marge lisez *Oceanum*
Page 36 à la marge lisez *quia* non solum
Page 40 à la marge lisez *constitutum*
Page 42. à la marge lisez *&* non faciendum, & plus bas, *earum*
Page 44 lisez vn peu *aprés*
Page 45 à la marge lisez *libertas*
Page 55 à la marge lisez *qua* in Deum
Page 57. lisez de *toutes ses* & à la marge, parce *qu'il*
Page 63. à la marge lisez qui *præparant*
Page 64 lisez nous *pouuons.* Et plus bas, qu'ils *parlent*, & encore plus bas de *leur*
Page 66 à la marge lisez *qua* perseueratur
Page 67. lisez de la Theologie. Et plus bas, par *de* vaines
Page 68. lisez *qu'il* luy est
Page 78. lisez *autre* chose
Page 80 à la marge, il faut joindre en vn seul passage les paroles de saint Thomas tirées de son Commentaire sur l'Epistre aux Hebreux, qui sont partagées comme si c'estoient trois passages differens
Page 86. lisez il le *reprend*

EXTRAICT DV PRIVILEGE
du Roy.

PAR Priuilege du Roy donné à Paris le dix-hui-
ctiéme jour de Mars 1651. signé, BABINET,
& seellé du grand sceau de cire jaune, il est permis à
GEORGE IOSSE Marchand Libraire à Paris, de
faire imprimer, vendre & distribuer vn Liure intitulé,
La Defense des Euesques, & les Sentimens de saint Augu-
stin, & de toute l'Eglise, & ce pour dix ans ; auec defen-
ses à tous Libraires & Imprimeurs de l'imprimer où faire
imprimer, vendre & distribuer sans sa permission, à peine
de mille liures d'amende, ainsi qu'il est plus au long
contenu audit Priuilege.

Les copies ont esté fournies pour la Bibliotheque du
Roy, & de Monseigneur le Chancelier.

Acheué d'imprimer pour la premiere fois le 21. May
1651.

www.ingramcontent.com/pod-product-compliance
Lightning Source LLC
LaVergne TN
LVHW012007180726
843502LV00005B/1579